Adiós, tristeza

CRISTINA
SORIA

Adiós, tristeza

18 pasos para recuperar la alegría

ESPASA

Primera edición: abril de 2017
Segunda edición: abril de 2017

Diseño de interior: María Pitironte
Ilustraciones de interior: Shutterstock
Ilustraciones de los ejercicios físicos: Alfredo Iglesias

Preimpresión: Safekat, S. L.
Impreso en España-*Printed in Spain*

Depósito legal: B. 5.178-2017
ISBN: 978-84-670-4961-9

El papel utilizado para la impresión de este libro es cien por cien libre de cloro
y está calificado como papel ecológico

Espasa, en su deseo de mejorar sus publicaciones, agradecerá cualquier sugerencia que los lectores hagan al departamento editorial por correo electrónico: sugerencias@espasa.es

www.espasa.com
www.planetadelibros.com

Espasa Libros, S. L. U.
Avda. Diagonal 662-664
08034 Barcelona

Qué bonita la vida, que te mece con arte.

Que te trata de usted, para luego arroparte.

Te hace sentir valiente, otras tantas don nadie

Qué bonita la vida.

DANI MARTÍN, *Qué bonita es la vida*
(fragmento)

Índice

Introducción

Cuando la «depre» no es una patología, sino una falta de motivación

«TRISTE COSA ES EL SUEÑO QUE EL LLANTO NOS ARRANCA
MAS TENGO EN MI TRISTEZA UNA ALEGRÍA...
SÉ QUE AÚN ME QUEDAN LÁGRIMAS».

GUSTAVO ADOLFO BÉCQUER

Querido lector:

Como ya sabrás, la vida es una auténtica noria emocional. Nos proporciona momentos de inmensa alegría, pero también es posible que nos traiga el mayor sufrimiento. Y, precisamente, son esos momentos cargados de dificultades los que pueden hacernos más fuertes o, por el contrario, introducirnos en la más absoluta tristeza.

Adiós, tristeza. 18 pasos para recuperar la alegría quiere ayudarte a salir de ese túnel negro que es la tristeza y a evitar que la apatía y la falta de motivación invadan tu vida y te impidan tener ilusiones, seguir adelante, alcanzar objetivos y, en definitiva, ser felices.

> ***Todos ansiamos ser felices.*** ***No creo que nadie pueda negarlo. Pero la felicidad es subjetiva y su definición depende de cada uno de nosotros y del momento en el que nos encontremos. Todos vivimos en un constante proceso de transformación y no siempre necesitamos las mismas cosas para sentirnos bien.***

Para unas personas, lo fundamental es encontrar el equilibrio emocional; para otras, tener un buen trabajo y vivir rodeado de todo tipo de comodidades; otros desearán estar sanos o ayudar a los demás...

Hace muchos años, cuando me iniciaba en el mundo del *coaching*, un compañero me preguntó: «¿Qué necesitas para ser feliz?». Mi respuesta fue la siguiente: «Que todo mi entorno sea feliz», ante lo cual él replicó con sorna: «Vaya rollo de tía. Para ser feliz necesitas ser tú feliz».

En aquel momento no podía pensar en mi felicidad como una realidad de la que yo era la verdadera protagonista. Porque para ser feliz yo necesitaba que mi familia lo fuera. Lo cierto es que estaba saliendo de uno de los momentos más duros de mi vida personal y familiar. Atrás quedaban los meses invadidos por el miedo, la incertidumbre y el desasosiego que supone tener que hacer frente a la enfermedad de un hijo. Me dolía ver sufrir a mi familia y no soportaba ver llorar a mi padre o a mi marido. Recuerdo que durante mucho tiempo apenas podía abrir los ojos de lo hinchados que los tenía, de tanto llorar. No quería más lágrimas. No quería seguir escuchando las palabras de consuelo de mi hijo mayor cuando me encontraba abatida en un rincón. (Ahora sé que lo que yo pensaba que implicaba una gran madurez por parte de mi hijo no era más que una carga de la que, poco a poco y con mucho trabajo, se ha ido despojando).

En un primer momento, recibí las palabras de mi compañero con recelo, pero con el paso del tiempo se han convertido en mi forma de vida. Como todo el mundo, tengo momentos bajos, de incertidumbre, de desorientación y desánimo. Me los permito porque ni los puedo ocultar ni estoy dispuesta a dar la espalda a mis sentimientos, aunque enseguida vuelvo a centrarme en aquello que realmente me hace feliz. Además, he comprobado que de ese modo mi entorno también se siente feliz.

La tristeza es una emoción básica, junto con la alegría, el asco, el miedo, el enfado y la sorpresa. Queramos o no, son sentimientos que forman parte de nosotros y con los que convivimos, aunque no siempre les prestemos la atención que se merecen ni les demos el lugar que les corresponde.

Nos sentimos tristes cuando perdemos algo, cuando nos abandonan o debemos despedirnos de alguien, y se trata de una emoción que nos anuncia un duelo por el que debemos pasar. Cuando estamos tristes, nuestra energía disminuye, lloramos a menudo y es muy probable que nos enfademos con quienes nos lastimaron.

Ahora bien, cuando la **TRISTEZA** roza la depresión, nuestro metabolismo corporal también se ve afectado, pues comienza a apoderarse de nosotros la apatía, que es un estado caracterizado por el desinterés —la desmotivación— y la falta de entusiasmo.

En las páginas siguientes te hablaré de la tristeza, de que con ella nos invade la apatía y nos quedamos sin el empuje necesario para ir en busca de nuestros sueños y alcanzar nuestros objetivos, de cómo caemos en un bache del que no sabemos salir y nos impide tomar decisiones para seguir adelante.

Explico esto porque la **tristeza** puede ser una patología o no. Entendida como patología debe ser tratada por un psicólogo o un psiquiatra, que son los únicos que pueden diagnosticarla. En este caso, estaremos ante un trastorno afectivo que provoca indiferencia del sujeto enfermo respecto al medio y a los acontecimientos que lo rodean. Su origen puede ser una enfermedad, aunque también puede causarla el cansancio, una escasa vida social, el estrés, la menopausia en las mujeres, trastornos del sueño e incluso el consumo de ciertos medicamentos.

Te confieso que, hace unos meses, quizá debido al parón después de un periodo de trabajo frenético, comencé a replantearme ciertas cosas. Me daba cuenta de que ya no vivía con tanta pasión mi profesión y comencé a dudar y a preguntarme hacia dónde me dirigía. Es cierto que soy muy autoexigente y, aunque llevo años trabajando sobre ello, forma parte de mi carácter el querer dar lo mejor de mí, e incluso un poco más de lo que realmente puedo dar. La verdad es que me sentía muy cansada y absolutamente abatida, de modo que decidí tomarme unas vacaciones para desconectar. No lo hice al cien por cien, porque multitud de acontecimientos que ocurrieron a mi alrededor me hicieron situar de nuevo los pies en la tierra, valorar lo que tenía, lo que había conseguido y lo que me quedaba por lograr.

Como dice el doctor Valentín Fuster en su libro *El círculo de la motivación* (Planeta, 2013), a lo largo de nuestra vida nos movemos en círculo alrededor de un eje que va desde la frustración hasta la motivación, pasando por la satisfacción y, en ocasiones, la pasividad que nos conduce a la frustración... Y así sucesivamente.

Quienes me ayudaron a salir del túnel de la pasividad y la frustración, haciendo que me dirigiera de nuevo a la motivación, fueron, por un lado, mis dos hijos y mi marido (tras una conversación que todavía me hace reír al recordarla), y, por otro, dos amigos que en aquellos días me demostraron que, a pesar de las circunstancias, no nos queda más remedio que aceptar lo que llega y seguir avanzando. Uno de ellos es Jorge, que se debatía entre la vida y la muerte después de sufrir un ictus, y otro es Ángel, cuyo estado de salud, de por sí bastante delicado, en aquellos días empeoraba a toda velocidad. Su despedida fue muy dolorosa, pero, como siempre, mostró una gran generosidad. Mis dos amigos y mi familia fueron la medicina que me impulsó a buscar lo que necesitaba para volver a creer en mí y motivarme con nuevas ilusiones y proyectos como el que ahora mismo tienes en tus manos.

Antes de seguir, permíteme que plantee una pregunta: ¿qué importancia tiene la educación o la genética en la tristeza? La respuesta es: **¡¡MUCHÍÍÍÍSIMA!!** El ambiente en el que nos criamos, sobre todo durante los primeros años de vida, es fundamental, e incluso se ha comprobado que las emociones de la madre afectan al feto a partir de los tres meses de gestación. Algunas de esas emociones se quedarán guardadas en una parte del cerebro que se llama amígdala, y la persona las considerará propias por más que hayan sido generadas por la forma de sentir y de vivir de su madre.

Si, además, a medida que crecemos, las personas a las que nos sentimos más apegados nos educan desde el temor, nos convertiremos en personas temerosas; si lo hacen desde la negatividad, seremos adultos negativos, y si lo hacen desde la independencia, seremos independientes. De la misma manera influyen los hábitos que hemos adquirido, la manera de alimentarnos, de vestirnos e incluso de comunicarnos.

***Nunca debes poner excusas** ni tirar la toalla. Todo se puede cambiar si de verdad lo deseas. El trabajo será lento, pero seguro, y consistirá en transformar esos pensamientos y creencias que tanto daño te hacen.*

Adiós, tristeza. 18 pasos para recuperar la alegría es el resultado de un trabajo realizado en primera persona y junto a todas las personas que un día acudieron a mí porque querían transformar algo de sus vidas y volver a disfrutar, soñar y sonreír. A veces el origen de su tristeza estaba claro y ellos mismos sabían que necesitaban ayuda y dónde encontrarla; otras veces fueron familiares y amigos quienes les aconsejaron acudir a un profesional del *coaching* para salir del pozo en el que se hallaban, y en otras ocasiones llegaron a mí tras un profundo trabajo interior o como última esperanza. Pero todos —como tú y como yo— tienen algo fundamental en común: su disposición para pasar a **LA ACCIÓN**. Porque no podremos despedirnos de nuestra tristeza si no somos capaces de realizar algunos cambios importantes.

Los pasos que te voy a enseñar se basan en **trabajar tanto tu exterior como tu interior,** porque, como verás más adelante, la alimentación, el descanso, el aspecto y los pensamientos influyen directamente en tu estado de ánimo. Por eso te avanzo ya que **debes aprender a escucharte, a observarte y, en definitiva, a conocerte mejor.** Te aconsejo que dediques todo el tiempo que necesites a cada uno de estos pasos, ya que el objetivo es que se afiance en tu interior. Mi propuesta es que, como mínimo, le dediques una semana a cada uno de ellos: solo así se convertirá en hábito y verdaderamente surtirá efecto.

Al final del camino se encuentra tu bienestar y, lo más importante, tu autoconocimiento. Habrás adquirido nuevos hábitos y tu manera de ver la vida será distinta.

La vida no es una línea recta y siempre hay momentos de tristeza. Permítetela, escúchala. No podemos huir de ella ni darle la espalda. Lo importante es aprender a reconocerla, a gestionarla, y ponernos en marcha para seguir avanzando.

Así que, si te parece, saca tu pañuelo y comienza a decir

¡adiós, tristeza!

18 pasos para recuperar la alegría

Paso 1

Busca el origen y verbalízalo

En muchas ocasiones sabemos detectar sin demasiados problemas cuál es el origen de nuestra tristeza y somos capaces de explicar con claridad cómo nos sentimos. La causa de la tristeza que nos invade ha podido ser una ruptura sentimental, el fallecimiento de un ser querido, un despido laboral, una enfermedad, o, incluso, darnos cuenta de que no hacemos lo que realmente nos hace sentir bien.

Hace unos meses contactó conmigo una persona que, según sus propias palabras, «necesitaba salir del hoyo en el que se encontraba».

Arancha es una mujer de cuarenta y ocho años, empresaria reconocida en su ciudad, que atravesaba una situación personal enormemente dura desde los últimos diez años. Había perdido a su madre y con mucho esfuerzo logró construir una familia con su pareja. Se sometió a diversos tratamientos de fertilidad, se planteó la adopción y finalmente cumplió su sueño. Pero en el camino se habían producido demasiadas pérdidas que no había podido llorar adecuadamente, ya que siempre había intentando seguir con su vida como si nada hubiera pasado. Para Arancha, llorar era un lujo que no podía permitirse. Sin embargo, llegó un momento en que debía recapacitar sobre lo que le ocurría.

Era hija única y se sentía excesivamente responsable de su entorno. Su madre había padecido una larga enfermedad y fue Arancha quien se encargó de que recibiera los mejores cuidados, de hablar con los especialistas y de buscar una enfermera que la atendiera cuando ella no pudiera hacerlo. Su padre las había abandonado cuando Arancha era una niña, por lo que desde muy joven se había convertido en la cabeza de familia. Sin darse cuenta, sobrellevaba una carga que terminaría por pasarle factura.

Dos años después de que muriera su madre, cuando pensaba que todo estaba superado y había conseguido lo más importante, es decir, formar su propia familia, una mañana, sin saber por qué, se quedó inmóvil en la cama. No podía moverse debido a unos fuertes mareos. Los meses fueron pasando y las vidas de Arancha y de su familia estaban paralizadas. Decidió no contarle a nadie lo que le ocurría ni cómo se sentía, de modo que, durante dos años, parecía que su vida había desaparecido de la faz de la tierra.

Cuando se encontraba frente al espejo, veía a una mujer débil, miedosa, incapaz de hacer nada por sí misma. Además, se sentía culpable porque pensaba que estaba arruinando la vida de las personas que la rodeaban. Sus hijos pequeños no podían compartir con ella su tiempo ni sus inquietudes, y constantemente le pedía a su marido que rehiciera su vida con otra mujer que le hiciera feliz. Hasta que un día se dijo que no podía seguir así.

Descartada la posibilidad de que padeciera alguna enfermedad grave, varios especialistas le indicaron que, además de tomar la medicación adecuada, era urgente que comenzara a cuidarse y a solucionar el estrés con el que vivía desde hacía tanto tiempo.

Gracias al apoyo de su familia política, que se encargaba de cuidar a los pequeños, Arancha pudo ir retomando sus tareas profesionales. Al principio pensaba que debía recuperar a la mujer que fue tanto por los demás como por ella misma. Una y otra vez miraba fotos de años pasados y se daba cuenta de que la sonrisa y el brillo de sus ojos habían desaparecido de su rostro.

Apenas tenía ánimo para cuidarse. Hacía meses que no iba a la peluquería y que no salía de compras, pero al menos durante los meses que duraron las pruebas médicas Arancha pudo descansar físicamente, lo que le permitió comenzar a intuir cuál era el origen de su enfermedad: demasiado trabajo. Lo que no imaginaba era que, además, las pérdidas personales de años atrás le habían dejado una huella profundísima en su interior.

Cuando vivimos una situación extrema, nuestro organismo se pone en alerta, pues está soportando un peso inimaginable. Pero todo tiene un límite y, si no conseguimos pasar página y relajarnos, nuestro cuerpo se convierte en una coctelera a punto de explotar.

Esto es lo que le ocurrió a Arancha. Llegó un día en que su cuerpo, cansado de soportar tanta fatiga y responsabilidad, decidió parar.

Cuando me mandó el correo electrónico para pedirme ayuda, lo hizo con la intuición —y la esperanza— de que, si se ponía en mis manos, podría salir adelante. Arancha conocía el origen de buena parte de su tristeza, pero estaba claro que necesitaba hablar de cómo se sentía con alguien ajeno a su entorno. En multitud de ocasiones me confesó que mientras conversaba conmigo se sentía libre: podía hablar con franqueza, sin paños calientes, sin temor a herir a alguien. Podría decirse que Arancha comenzó a verbalizar emociones y sentimientos que antes no había compartido con nadie. Y lloraba sin ocultarse. Aquellas lágrimas reprimidas durante años comenzaban a brotar.

Arancha necesitó **tocar fondo** para darse cuenta realmente de cuál era el origen de su problema. Sin embargo, no siempre ocurre así. A veces nos sentimos tristes sin saber por qué: no se ha producido ninguna pérdida y, aparentemente, no hay un motivo que explique ese estado de ánimo caracterizado por la apatía y el desánimo.

Si este es tu caso, **el primer paso que tienes que dar es identificar el origen de tu apatía y saber desde cuándo domina tu vida y tus sentimientos**. Para ello te propongo varias herramientas que te ayudarán a identificar el origen de tu tristeza y de tu apatía.

HERRAMIENTA 1: BUCEA EN TUS VALORES

Los valores son reglas de vida que determinan nuestra forma de ser. Aquello que valoramos determinará el significado de nuestra vida y las acciones que emprendamos. Los valores nos impulsan a vivir bien y a mejorar cada día. Se demuestran con nuestro comportamiento y solo seremos coherentes cuando practiquemos lo que predicamos. En ocasiones, nos olvidamos de poner el foco en ellos, lo que puede hacer que llevemos una vida alejada de lo que verdaderamente nos importa. Y esa incoherencia afectará a nuestro estado de ánimo.

Por eso es importante que recapacites sobre tus valores y te preguntes si los estás respetando o si, por el contrario, estás actuando en contra de lo que más te importa. Si te das cuenta de que no los respetas, pregúntate a qué facetas afecta principalmente y a qué puede deberse.

Carlos fue criado en una familia numerosa tradicional. Tenía cinco hermanos con los que siempre se había llevado muy bien. Sus padres les inculcaron el amor a la familia, la generosidad y la importancia del cuidado a los demás. El padre de Carlos —trabajador en una compañía textil— dedicó su vida a sacar adelante a una familia a la que nunca le faltó de nada, ni en el plano material ni en el emocional. La madre se dedicó en cuerpo y alma a cuidar de sus hijos.

Para Carlos, su padre era un referente de vida fundamental. Le idolatraba y le gustaba hablar de cómo trabajaba de sol a sol sin pronunciar nunca una sola queja ni enseñar un mal gesto. Tenía de él la imagen idílica de lo que era un hombre: nunca le oyó desear más dinero para comprarse un coche mejor y su prioridad era proporcionar a sus hijos las herramientas para ser buenos profesionales y, sobre todo, buenas personas.

Con el paso del tiempo, Carlos y sus hermanos tomaron sus propios caminos. Algunos comenzaron pronto a trabajar y otros se volcaron en sus estudios. Y todos, excepto Carlos, formaron sus propias familias, respondiendo, de ese modo, a las expectativas de sus padres. Pero Carlos era distinto y, quizá, al ser tan consciente del sacrificio de sus padres, optó por planificar su vida de manera opuesta.

A sus cuarenta y cinco años, su físico era impecable. Practicaba deporte a diario e invertía bastante dinero en vestuario. Llevaba una vida más que acomodada gracias a su trabajo en una multinacional. Vivía en un ático situado en una de las mejores zonas de Madrid y no tenía ni pareja estable ni hijos. Había adquirido una buena formación para conseguir un trabajo que le permitiera viajar por diferentes países y engordar sus cuentas bancarias. En resumen, lo que se conoce como un «soltero de oro». Tenía mucho éxito con las mujeres, pero nunca se había planteado formar una familia, lo que preocupaba especialmente a su madre, que seguía preguntándole eso de que cuándo sentaría la cabeza. Pero Carlos no necesitaba vivir con la «cabeza sentada»; se consideraba un espíritu libre y, en verdad, disponía de su vida a su antojo... Tanto que podía pasar meses sin ver a sus hermanos, y semanas sin ir a comer a la casa de sus padres. Estos no se lo reprochaban nunca, porque sabían que el trabajo de su hijo era muy exigente.

En cierto modo, sus hermanos le envidiaban. Entre risas le decían que había sido «el más listo de toda la familia» y apostaban sobre cuánto tiempo más duraría ese Peter Pan que Carlos llevaba dentro.

Si todo era maravilloso, ¿qué pasó para que un día me pidiera ayuda? Posiblemente no pasó nada concreto, o fueron muchas cosas a la vez. Lo cierto es que una mañana, tras haber roto con su última novia, Carlos se dio cuenta de que algo había cambiado. Al principio creyó que su malestar podía ser fruto de la ruptura con aquella mujer, pero al mismo tiempo reconocía que en su interior había unos sentimientos a los que nunca había prestado atención. Si miraba su vida desde fuera era redonda y maravillosa, pero interiormente se sentía triste y apático, como si le faltara algo. De modo que trabajé con él en sus valores y le pedí que contestara a las siguientes preguntas:

¿QUÉ ES LO QUE TE MUEVE EN LA VIDA?

Respuesta de Carlos: *La libertad.*

¿QUÉ OTROS VALORES HAY EN TU VIDA?

Respuesta de Carlos: *(no sabía qué responder).*

¿CON QUÉ VALORES TE EDUCARON?

Respuesta de Carlos: *El sacrificio, el esfuerzo, la generosidad, el amor por la familia.*

¿LOS CUMPLES?

Respuesta de Carlos: *El sacrificio y el esfuerzo, sí. Llevo años formándome y preparándome para ascender en mi trabajo y llevar una buena vida.*

¿DE QUÉ MANERA CUMPLES LOS OTROS VALORES CON LOS QUE TE EDUCARON?

Respuesta de Carlos: *Me considero una persona generosa y amo a mi familia. Aunque, quizá, no paso el suficiente tiempo con ellos. Apenas los veo. No suelo llamar mucho a mis hermanos. Algún whatsapp y poco más. Y a mis padres los veo poco, aunque les llamo todas las semanas.*

Después de nuestra primera conversación, que duró una hora aproximadamente, Carlos se dio cuenta de que la vida que había elegido de libertad, éxito, viajes y trabajo le alejaba de aquel niño que admiraba a su padre y de los valores que le habían inculcado. Se había olvidado de lo más importante para él: su familia.

Ahora te pregunto a ti: **¿QUÉ VALORES NO CUMPLES?** Observa con atención la siguiente lista porque lo más seguro es que en ella encuentres los tuyos:

☑ La cultura	☑ La moralidad	☐ La honestidad
☐ La confianza	☐ La educación	☐ La alegría
☑ La paz	☐ El orden	☑ El éxito
☐ La limpieza	☐ La flexibilidad	☑ El progreso
☐ La libertad	☑ La salud	☑ La fama
☐ La democracia	☐ La unidad	☑ La fuerza
☐ La rapidez	☐ La cortesía	☐ La disciplina
☐ El perdón	☐ La fraternidad	☐ La gracia
☑ La comodidad	☑ La dignidad	☑ El poder
☑ La intimidad	☐ La generosidad	☐ La armonía
☑ La independencia	☐ La espontaneidad	☑ La victoria
☐ La asertividad	☐ La comunicación	☑ El dinero
☐ La lealtad	☑ La sinceridad	☑ La vida
☑ La esperanza	☑ La fe	☑ La seguridad
☑ El estudio	☐ La puntualidad	☑ La precisión
☐ La perfección	☐ La elegancia	☑ El lujo
☐ La eficacia	☐ La iniciativa	☐ La resistencia
☐ El ahorro	☐ La valentía	☐ La amistad
☐ La responsabilidad	☐ La tenacidad	☐ La sabiduría
☑ La firmeza	☑ El patriotismo	☑ El heroísmo
☐ La productividad	☐ El amor	☐ La igualdad
☐ El servicio	☑ El placer	☐ La honradez
☑ La justicia	☐ El prestigio	☐ El respeto
☐ La creatividad	☑ La santidad	☑ La familia
☐ La patria	☑ Las joyas	☑ La buena comida

También puedes pensar en cuáles son los valores de la persona más importante de tu vida, de aquella que sea para ti un ejemplo a seguir, o del personaje de tu cuento favorito cuando eras niño. Contesta a las siguientes preguntas:

¿CUÁLES ERAN SUS VALORES?

LA FAMILIA.

¿QUÉ LE MOVÍA?

LA UNION

¿COINCIDEN CON LOS QUE TE MUEVEN A TI, CON LO QUE TE RESULTA IMPORTANTE EN LA VIDA?

SÍ

¿LOS CUMPLES?

NO

¿DE QUÉ MANERA LOS CUMPLES?

NINGUNA

¿CUÁNDO TE OLVIDAS DE ELLOS?

Es probable que no cumplir con tus valores te provoque ese estado de tristeza y de apatía en el que te encuentras. Algo dentro de ti te dice que no estás siendo coherente ni respetando lo que de verdad te importa. Más adelante veremos en qué consiste el siguiente paso. Ahora se trata de tomar conciencia de tu situación.

HERRAMIENTA 2: LA RUEDA DE LA VIDA

Esta herramienta nos sirve para tomar conciencia de cómo vemos nuestra vida.

A lo largo de ella hay aspectos que nos hacen sentir más felices que otros. Posiblemente no existe la vida perfecta, pero sí podemos aspirar a la que más se aproxime a la perfección. Para ello es necesario que exista toda una serie de cimientos que hacen que crezcamos felices y seguros: la familia, la salud, el trabajo, la economía, nuestros *hobbies*, nuestro desarrollo personal...

Quizá seas de los que no necesitan mucho dinero para vivir tranquilo y satisfecho, y puede que no tengas millones de amigos, aunque, eso sí, los que tienes son los mejores del mundo. Quizá no tengas muchos *hobbies*, pero los que ya tienes hacen que disfrutes y que el tiempo se te pase a toda velocidad. No se trata de cantidad, sino de calidad. Pocas veces nos paramos a pensar sobre esto y, quizá, en muchas ocasiones, ahí esté el origen de nuestro malestar. Por ello te propongo que te preguntes cómo de redonda es tu vida actual y cómo te gustaría que fuera.

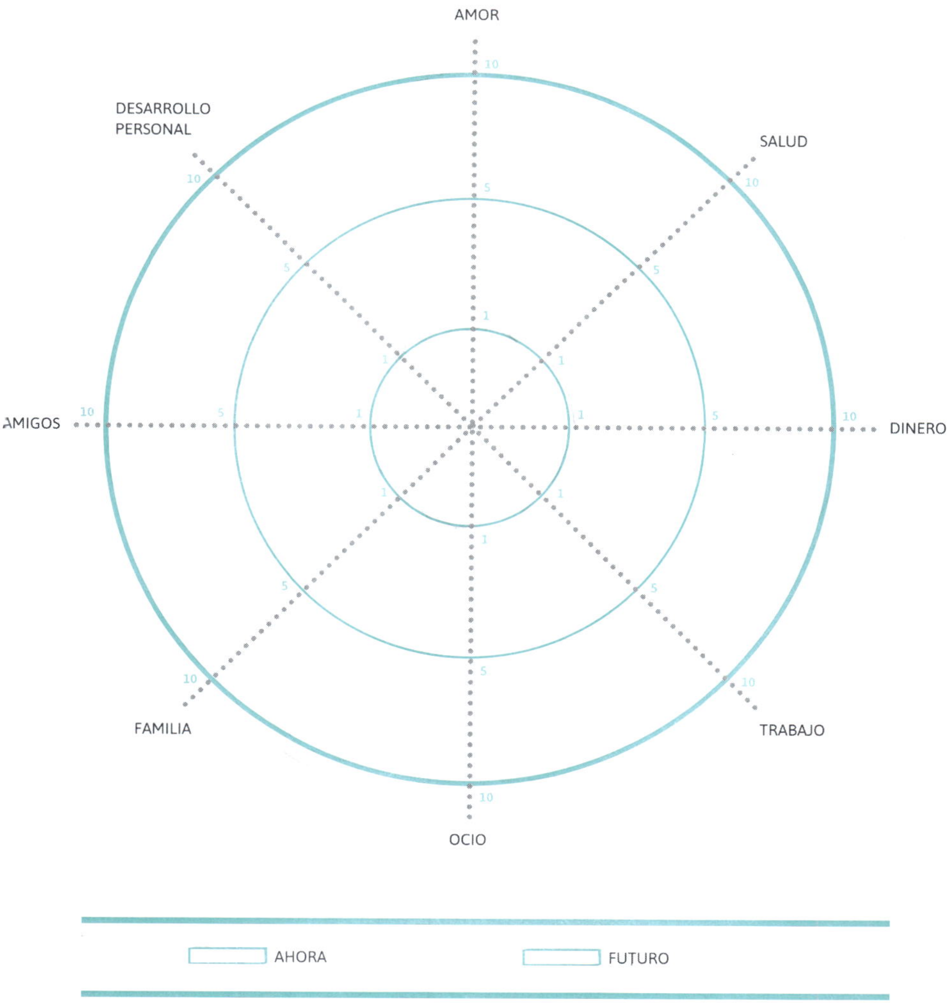

Puntúa de 0 a 10 cada uno de los aspectos que aparecen en la rueda tal y como los valoras en este momento. Como ya te he dicho, no se trata de cantidad, sino de calidad. Después de puntuar, une con una línea todos los elementos. ¿Tu vida es lo suficientemente redonda como para que ruede?

A continuación pregúntate cómo te gustaría que fueran cada uno de esos aspectos en el futuro. ¿Cuáles se alejan más de la puntuación actual? ¿Crees que alguno de ellos es el origen de tu tristeza?

Hace pocas semanas una mujer vino a verme, aconsejada por un familiar, con la esperanza de que el *coaching* la ayudara y, al mismo tiempo, con la desconfianza lógica tras haber pasado por distintas terapias. Su cabeza era una batidora. Cuando le pregunté para qué había venido a verme, comenzó a enumerar un montón de situaciones vitales que deseaba mejorar. No podía concretar un objetivo porque para ella eran muchos los aspectos que debía trabajar para ser feliz. Estaba claro que su vida no era como quería y había aceptado el conformismo como solución. Pero ni mucho menos era esta la solución. Se sentía muy cansada de tanto pelear por hacerse entender, e incluso le parecía que hablaba en otro idioma y que era un «bicho raro». Fue mi escucha sin juicio y mi empatía las que le hicieron confiar en la terapia y creer que era posible recuperar el entusiasmo.

Le propuse que hiciéramos la rueda de la vida y este fue el resultado. Los puntos **negros** representan cómo valoraba en aquel momento los diferentes aspectos que aparecen en la rueda. Los puntos **verdes** muestran cómo le gustaría que esos mismos aspectos fueran en el futuro.

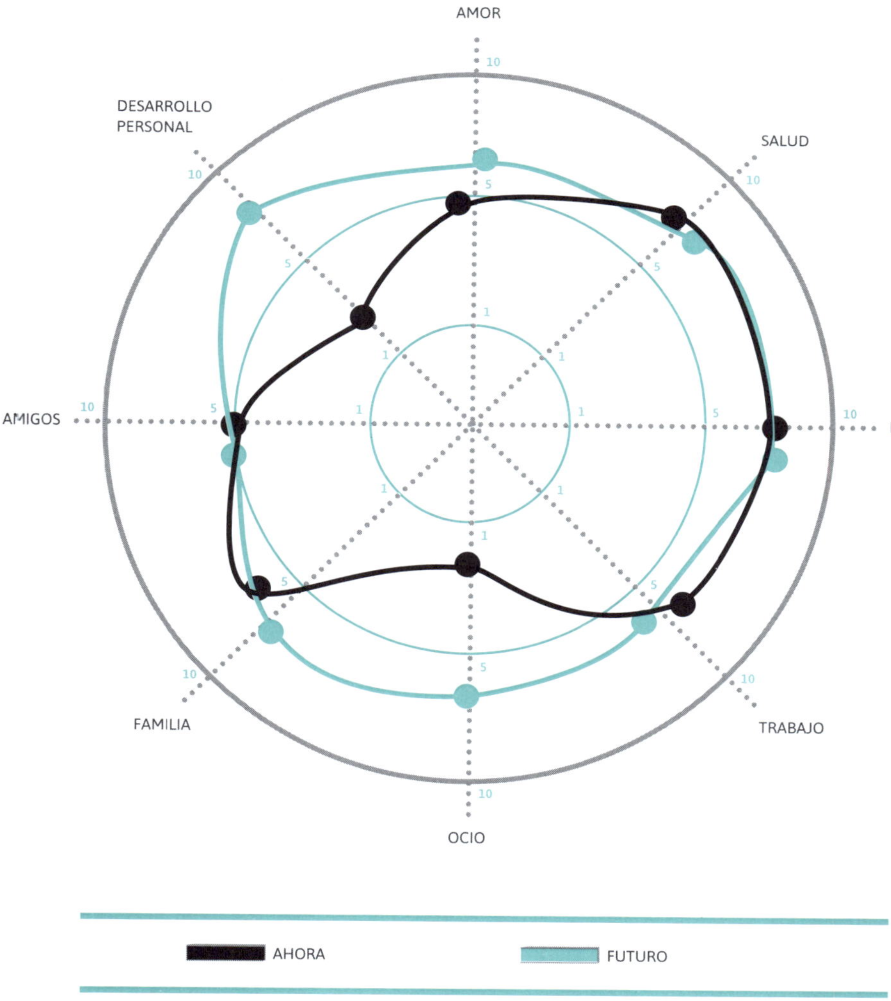

De inmediato se dio cuenta de que lo que la alejaba de su felicidad era no disponer de tiempo de ocio y no poder desarrollarse personalmente. Y por ahí comenzó a realizar sus cambios. Lo bonito de este trabajo es que empiezas a tirar de un hilo que parece insignificante y, de repente, surgen decenas de sentimientos y emociones que estaban escondidas.

HERRAMIENTA 3: ¿QUÉ NECESITAS DARTE QUE NO TE DAS?

Como yo siempre digo, tú eres tu mejor amigo. Seguro que no lo tienes en cuenta y es probable que por eso no te cuides como debieras. Recuerda que la primera relación personal que cada uno de nosotros mantenemos es con nosotros mismos.

Bert Hellinger, filósofo, teólogo y pedagogo de origen alemán, lo explica diciendo que pertenecemos y nos relacionamos con diferentes sistemas: la familia de origen, la familia que creamos, la relación de pareja, las amistades, los compañeros de trabajo, la empresa para la que trabajamos, el grupo de madres o padres del colegio, la religión, el grupo del deporte que practicamos, nuestra comunidad de vecinos, etcétera. Mantenemos esas relaciones porque recibimos lo que necesitamos de ellas y damos lo que los demás necesitan de nosotros (a excepción de la familia de origen, donde son solo los padres quienes dan a los hijos).

Todos tenemos una serie de necesidades que solo dependen de nosotros mismos. Sin embargo, pocas veces nos cuidamos lo su-

ficiente. Solemos dar el cien por cien a los demás, sin caer en la cuenta de que nos abandonamos y dejamos de darnos lo que necesitamos.

Cuando no somos capaces de establecer un tipo de relación saludable con nosotros mismos, algo empieza a fallar. Es algo que muchas veces no sabemos etiquetar, pero rápidamente nos damos cuenta de que está provocando que no nos sintamos realizados, en paz, satisfechos y, en definitiva, felices.

Ha llegado el momento de que empieces a observarte y de descubrir cómo es **la relación que mantienes con tu mejor amigo**, que —no lo olvides— eres **tú.** Para ello te propongo que elabores dos listas en dos días distintos. En una de ellas escribe tus necesidades, esas que solo puedes satisfacer tú mismo. Al día siguiente escribe otra lista con lo que te estás dando. Ahora puedes ver si realmente te das lo que necesitas. Y una vez más te recuerdo que no se trata de cantidad, sino de calidad.

LISTA DE LO QUE NECESITO DE MÍ

LISTA DE LO QUE ME DOY

Felipe, un hombre de unos cincuenta años, intentaba sacar adelante un importante proyecto que le habían encargado en su empresa. Él pensaba que era su oportunidad para poder ascender en la compañía, lo que le hacía sentir una gran responsabilidad. Trabajaba largas jornadas y había llegado a olvidarse no solo de sí mismo, sino también de su entorno. Los días comenzaban a las siete de la mañana y llegaba a su casa casi a las doce de la noche. Los fines de semana solía quedar con sus amigos hasta bien entrada la madrugada, siempre que no tuviera que adelantar trabajo. En aquel momento no tenía pareja, pues hacía varios años que se había separado de su mujer y no habían tenido hijos. Durante los últimos años había disfrutado de una situación económica bastante cómoda que le permitía viajar, salir a cenar con amigos, acudir a fiestas casi todas las semanas, hacer deporte con un entrenador personal...

Sin embargo, durante los últimos meses su vida se limitaba a trabajar, regresar a casa para dormir y volver a trabajar. En lo material, tenía todo lo que quería: una casa estupenda y solvencia económica, y, además, estaba bastante reconocido en su trabajo. Por si fuera poco, tenía mucho éxito con las mujeres y su grupo de amigos —casi todos de la Universidad— era bastante numeroso. Pero Felipe se había olvidado de cuidarse a sí mismo. La falta de sueño, el estrés y la mala alimentación le estaban conduciendo al decaimiento y a la apatía. No era feliz y no entendía qué estaba pasando.

Felipe hizo la lista tal y como le indiqué, y entre sus **NECESIDADES** escribió las siguientes:

- ☐ *Buen puesto de trabajo.*
- ☐ *Solvencia económica.*
- ☐ *Disfrutar.*
- ☐ *Hacer deporte.*
- ☐ *Cuidar la alimentación.*
- ☐ *Dormir.*
- ☐ Hobbies.
- ☐ *Libertad.*

En la lista de lo que se estaba dando señaló:

- ☐ *Ambición.*
- ☐ *Libertad.*
- ☐ *No cuidarse.*
- ☐ *Solvencia económica.*
- ☐ *Estrés.*

Felipe fue consciente de que, a pesar de que contaba con uno de los pilares más importantes para su felicidad, como lo era tener un buen puesto de trabajo y disponer de un alto nivel económico, le faltaban otros aspectos importantes que necesitaba para cargarse de energía, como seguir una buena alimentación o tener aficiones. Felipe justificaba estas carencias con la falta de tiempo, pero empezaba a ser consciente del alto precio que estaba pagando por lograr ascender profesionalmente.

Cuando descubras qué es lo que te hace sentir triste, infeliz, desmotivado o apático, podrás comenzar a trabajar y a avanzar. Si lo has conseguido, te doy mi más sincera enhorabuena, porque acabas de dar el paso más importante.

Mi tristeza es por un duelo

Hemos visto tres herramientas para identificar el origen de tu tristeza, pero hay ocasiones en que esta emoción se debe a una pérdida, el fallecimiento de un ser querido, un despido, la ruptura con tu pareja, un cambio de ciudad, e incluso la pérdida de juventud. En este caso, para superar la tristeza deberás comenzar a **TRANSITAR POR TU DUELO**. Y no olvides que se necesita tiempo y valentía para pasar por todas las etapas.

Jorge Bucay es una de las personas que mejor ha explicado las distintas etapas de un duelo. Como recoge en *El camino de las lágrimas* (Editorial Océano, 2011), las ocho fases son las siguientes:

1. **Inmovilidad:** producto del estado de *shock* que ha provocado la pérdida.
2. **Negación:** no aceptación de la situación real que se está produciendo.
3. **Cólera:** te enfadarás con la vida, con la persona desaparecida e incluso contigo mismo. Hasta este momento te has mostrado pasivo, pero ahora algo comienza a cambiar.

4. **Negociación:** harías lo posible para volver a la situación anterior.
5. **Angustia:** comenzarás a sentir ansiedad cuando reconozcas que no vas a poder cambiar lo que ha sucedido. Si te has separado, si ha fallecido un ser querido, si has perdido un trabajo o te ves obligado a dejar tu país, por mucho que lo desees, la realidad siempre se impondrá.
6. **Tristeza:** producida por la nostalgia de lo que has perdido.
7. **Depresión:** sensación de fracaso y de resignación ante lo que ha sucedido. Permaneces impasible.
8. **Asimilación:** comienzas a caminar. Aceptas lo que ha ocurrido y que nada va a cambiar. Comienzas a tener el control de tu vida.

***Es importante** que descubras en qué etapa te encuentras, si has pasado por las anteriores y si en algún momento has retrocedido. Es necesario dejar atrás cada una de estas fases para llegar a la siguiente. Si no lo haces, la herida no se cicatrizará y permanecerá abierta.*

Por eso, en muchos casos, para transitar por el duelo necesitas que te acompañe alguien que no sea de tu entorno y te ayude a gestionar la tristeza.

El carácter, la educación, la posición o el entorno pueden llevarte a vivir este momento desde el silencio. Muchos te aconsejarán que verbalices lo que te ocurre. Recuerda que por mucho que te cueste, hablar de tus emociones y sentimientos es clave para seguir avanzando.

Como recordarás, Arancha se aisló del mundo y solo hablaba de cómo se sentía con su marido. Le daba miedo hacer más daño, por lo que optó por callar y, en cierto modo, «desaparecer».

Sé por experiencia que compartir y hablar de cómo te sientes ayuda a superar cualquier obstáculo. Y si la persona que te escucha es alguien ajeno a tu entorno, alguien que no te va a juzgar porque no existe vínculo personal, entonces podrás hablar desde las entrañas, sin vergüenza, y exponiendo tus sentimientos tal y como tú los entiendes. El simple hecho de escucharte te hará tomar conciencia de muchos aspectos que se encuentran escondidos en tu interior y que pueden ayudarte a salir adelante.

***Hablar es sinónimo de felicidad** y es bueno para nuestra salud mental y física, porque fortalece el sistema inmunológico. A través del habla nos conectamos con los demás, compartimos y salimos de nuestro aislamiento.*

Cuando termino la sesión con cualquiera de mis clientes, siempre les pregunto qué se llevan. Pueden decirme diferentes cosas, pero todos coinciden en una: **DESAHOGO**. Expresar lo que sentimos y pensamos, aunque las palabras vayan acompañadas de lágrimas, nos proporciona más libertad.

Puedes hacer la prueba: habla, comparte y expresa lo que te preocupa, lo que te entristece e incluso lo que te enfada.

No tienes que hacerlo con todo el mundo; hazlo una vez, pero desde el corazón, sin esperar réplica, juicio ni consejo. **Escúchate.** Porque poner nuestros pensamientos y sentimientos en palabras nos permite colocarlos en el lugar correcto y tomar conciencia de qué debemos relativizar y qué no. Te recomiendo que hagas este ejercicio y después observes cómo te sientes.

Paso 2

Observa tus emociones

Reconozco que bucear en el océano de las emociones se ha convertido en una experiencia a la que no puedo renunciar. Observar y analizar lo que experimentamos ante diferentes hechos —y cómo lo transmitimos— me resulta fascinante. Porque no siempre todo es lo que parece; es habitual prejuzgar o reaccionar de forma desmesurada, y hasta hace muy pocos años apenas habíamos oído hablar de la famosa **INTELIGENCIA EMOCIONAL,** un concepto que ya se ha vuelto familiar.

De emociones hablo con todas las personas que se acercan a verme. Para algunas, sus objetivos son laborales, pero en cuanto aprietas el botón del corazón se quedan sorprendidas. Otras son incapaces de detectar lo que sienten y solo pueden reconocer una emoción, que es la que les ha conducido hasta mí. Como digo, los casos son infinitos, y todos distintos, pero siempre se trata de mirar de cerca los sentimientos que experimentamos.

Observar tus emociones te ayuda a conocerte mejor y a gestionar de manera adecuada el momento en el que te encuentras.

Ya vimos que el primer paso para despedirte de la tristeza pasa por reconocer su origen. Pero es fundamental que te detengas un instante a comprobar si lo que sientes es tristeza, tal y como la hemos etiquetado en el capítulo anterior, o si se trata de otra emoción que se esconde debajo de ella.

Recuerda que la tristeza es una de las emociones básicas que forman parte de ti, junto con la alegría, el asco, el miedo, el enfado y la sorpresa. Se caracteriza por un tipo de sensación de pérdida, acompañada de dolor, que con frecuencia produce llanto. Las **lágrimas** son una señal tanto para ti como para los que te rodean, pero ten siempre en cuenta que llorar es una forma de comunicarse que añade significado a las palabras.

> ***Como ya señala su etimología (del latín*** **emotio, emotionis,** ***que proviene del verbo*** **emovere),** ***las emociones nos mueven, nos sacan de nuestro estado habitual. Pero los seres humanos somos razón y emoción, y se trata de encontrar el equilibrio entre ambas. Gestionar adecuadamente las emociones y darles el valor que les corresponde nos permitirá ser inteligentes emocionalmente.***

La **respuesta emocional** es una reacción compleja que involucra a todas las dimensiones de la persona. Las emociones se producen ante un hecho y provocan en ti una reacción, no solo a la hora de expresarlas, sino, además, en todo tu cuerpo. Una respuesta emocional consta de los siguientes elementos:

- **Una vivencia:** sentimiento privado y subjetivo. Es involuntario y dependerá de tu historia personal.
- **Unas reacciones fisiológicas,** que preparan para la acción (emoción como impulso para actuar: *e-moción).* Las reacciones fisiológicas son involuntarias y poseen un gran valor adaptativo. Además, las emociones tienen un reflejo

directo en nuestro organismo: el corazón bombea la sangre de diferente manera, esta circula con distinto ritmo e, incluso, puede dirigirse a una parte determinada de nuestro cuerpo para poder reaccionar en función de lo que está ocurriendo. Por ejemplo, te puede doler el estómago ante un hecho que te produce tristeza, miedo, enfado, etcétera, y también puedes sentir molestias en el cuello o en la cabeza. Las diferentes partes de tu cuerpo están conectadas entre sí y, como si se tratara de un dominó, unas afectan a otras.

- **Unas conductas asociadas,** que pueden realizarse o no —ya que es posible controlarlas voluntariamente—, y cuya misión es ayudarte a la adaptación con la realidad.

¿Cómo son y para qué sirven las emociones?

> *Las emociones sirven para hacerte saber qué te está pasando (tus necesidades, miedos y carencias) y qué debes hacer. Por eso es fundamental que te acerques a ellas, que las escuches y las comprendas.*

Las emociones se centran en el presente y guían tus acciones hacia metas inmediatas. Pero están marcadas por el pasado e influyen en el futuro, y, además, se pueden producir por anticipación de eventos que aún no han sucedido. Estas últimas son las más difíciles de manejar, porque anticiparnos puede ser de ayuda siempre y cuando no confundamos el futuro con la realidad.

Como ya hemos hablado, es fundamental que recapacites sobre dos aspectos: en primer lugar, pregúntate **qué tipo de emoción estás sintiendo** y, en segundo lugar, **si esa emoción encubre otra más importante.**

Las emociones pueden ser de diversos tipos: primarias adaptativas, primarias desadaptativas, instrumentales y secundarias.

- Las **emociones primarias adaptativas** (saludables) se corresponden con respuestas a situaciones que son necesarias para sobrevivir, como huir de un peligro o llorar por una pérdida. Llegan y se van con rapidez, responden a hechos que ocurren en el presente y te pueden beneficiar si las utilizas como guía.
- Las **emociones primarias desadaptativas** son un sentimiento crónico: te desorganizan y emergen cuando el sistema emocional no funciona bien. Suelen basarse en un aprendizaje previo y, por lo general, hacen que te sientas mal.
- Las **emociones secundarias** responden a un sentimiento primario, pues ocultan lo que sientes en lo más profundo. Por ejemplo, una mujer se enfada con su pareja o con una amiga porque se ha sentido atacada por algo. Su emoción primaria será **EL ENFADO,** pero, en lugar de gritar o de dar un puñetazo encima de la mesa, quizá por vergüenza o porque no está bien visto, la mujer muestra tristeza llorando.

En el caso de los hombres, todos sabemos que han crecido escuchando que deben ser fuertes, por lo que, en muchas ocasiones, en lugar de mostrar miedo expresan enfado. La emoción primaria sería el miedo y la secundaria el enfado.

- Las **emociones instrumentales** son aquellas que utilizas para conseguir algo, porque has descubierto los beneficios que obtienes con ellas. Por ejemplo, mostrar miedo ante ciertas situaciones con el objetivo de que sean otros quienes solucionen el problema, o llorar para evitar un castigo o para no asumir responsabilidades.

El enfado es una de las emociones más poderosas que existen. Su impacto es muy importante en las relaciones que mantenemos con los demás y con nosotros mismos. Aunque solemos identificarlo con la agresividad, son sentimientos bien distintos. **La agresividad** ataca o agrede, y una persona puede ser agresiva sin necesidad de que esté enfadada.

En diferentes estudios se ha demostrado que el enfado se dirige con más frecuencia a aquellas personas a las que amamos, y es una manera de poner nuestros propios límites.

> *Cualquiera puede enfadarse,*
> *eso es algo muy sencillo. Pero enfadarse*
> *con la persona adecuada, en el grado exacto,*
> *en el momento oportuno, con el propósito justo*
> *y del modo correcto, eso, ciertamente,*
> *no resulta tan sencillo.*
>
> *Aristóteles*

Para examinar adecuadamente tus emociones y averiguar si realmente es tristeza lo que sientes te propongo el siguiente ejercicio.

Crea tu propio diario emocional de tu tristeza

Como mínimo durante una semana, escribe diariamente lo que sientes. De ese modo tendrás una visión global de tus emociones:

¿QUÉ EMOCIÓN HE SENTIDO?

¿CUÁL ES EL ORIGEN DE ESA EMOCIÓN? (situación que la ha provocado).

¿EN QUÉ PARTE DEL CUERPO LA SIENTO? (pecho, estómago, cabeza, etc.).

¿CÓMO LA EXPRESO? (verbalizo, grito, lloro, me callo, etc.).

¿QUÉ ME DIGO A MÍ MISMO? (diálogo interno).

¿CÓMO ME GUSTARÍA GESTIONAR ESTA EMOCIÓN?

Ahora profundiza un poco más y pregúntate si lo que sientes es verdaderamente lo que parece a simple vista:

¿DETRÁS DE ESTA EMOCIÓN HAY ALGUNA OTRA? (por ejemplo, la tristeza por un despido esconde miedo porque no sabes qué va a pasar con tu vida).

¿CUÁL DE ESAS DOS EMOCIONES ES LA PRIMARIA?

¿ENCUENTRO ALGÚN BENEFICIO EXPRESANDO DE ESA FORMA LA EMOCIÓN? (por ejemplo, me escuchan, me compadecen, me resuelven el problema, etc.).

Con este ejercicio sabrás si realmente la tristeza que sientes se corresponde con tu forma de sentirla y de expresarla. Para ello es fundamental que seas honesto contigo mismo, porque debes detectar si en el fondo buscas un beneficio y si por delante de esa tristeza se encuentra, por ejemplo, el enfado o el miedo.

Asimismo es importante que observes si tu emoción se corresponde con un hecho que acaba de ocurrir (te han dado una mala noticia, te has puesto triste y lloras) o si, por el contrario, se debe a una experiencia que sucedió en el pasado y no te permite avanzar. Si este es el caso, deberás preguntarte desde cuándo sientes esa emoción y hacia dónde te está llevando:

¿CUÁNDO SE HA PRODUCIDO LA EMOCIÓN?

¿HACIA DÓNDE ME ESTÁ LLEVANDO?

¿QUÉ ME IMPIDE SOLTARLA?

No podemos dar la espalda a nuestras emociones ni pasarlas por alto. Recordarás el caso de Arancha que te conté en el capítulo anterior: el hecho de no dar espacio a su tristeza tuvo serias consecuencias y, tiempo después, produjo más daño del que ella misma hubiera imaginado.

> ***Llorar no es malo; es natural. Lo importante es aprender a darle el tiempo y el espacio oportuno a la tristeza para poder pasar a la nostalgia y de ese modo seguir avanzando. De lo contrario, la tristeza primaria y saludable que sientes ahora mismo podría llevarte a una irremediable depresión.***

Paso 3

Examina tus relaciones

No vivimos aislados; es imposible que así suceda. Todos venimos de una familia cuyos padres nos dieron la vida; algunos hemos formado nuestra propia familia y siempre establecemos relaciones con otras personas: grupos de amigos, de trabajo, de creencias o religión, etc. Es decir, todos formamos parte de un sistema propio (ya te pedí en el Paso 1 que te preguntaras cómo era tu relación contigo mismo) y, además, nos relacionamos con los sistemas que crean los demás.

De todo ello habla el filósofo y teólogo Bert Hellinger, quien afirma que constantemente estamos intercambiando energía con otros sistemas, intercambio que él denomina **AMOR.** Para que estas relaciones fluyan, ese amor debe distribuirse correctamente en función de unas **LEYES** que hacen que las relaciones permanezcan o, por el contrario, se rompan y creen malestar.

En cada uno de los SISTEMAS de los que formas parte ocupas un lugar determinado que no siempre es el mismo. De todos los sistemas obtienes algún beneficio, al mismo tiempo que das a los demás.

Por eso es importante que observes cómo son tus relaciones con los demás:

- ☐ *¿Te sientes aceptado por tu entorno?*
- ☐ *¿Te rodeas de personas que te llenan de energía o, por el contrario, te la roban?*
- ☐ *¿Te parece que asumes más responsabilidades de las que te corresponden?*

- [ ] *¿Mantienes relaciones que no te aportan lo que necesitas?*
- [ ] *¿Estás pasando por una ruptura a causa de un intercambio desequilibrado en la relación?*

Para contestar adecuadamente a estas preguntas te propongo que describas cómo son los sistemas con los que te relacionas y que señales cuáles son los más importantes para ti. Por ejemplo:

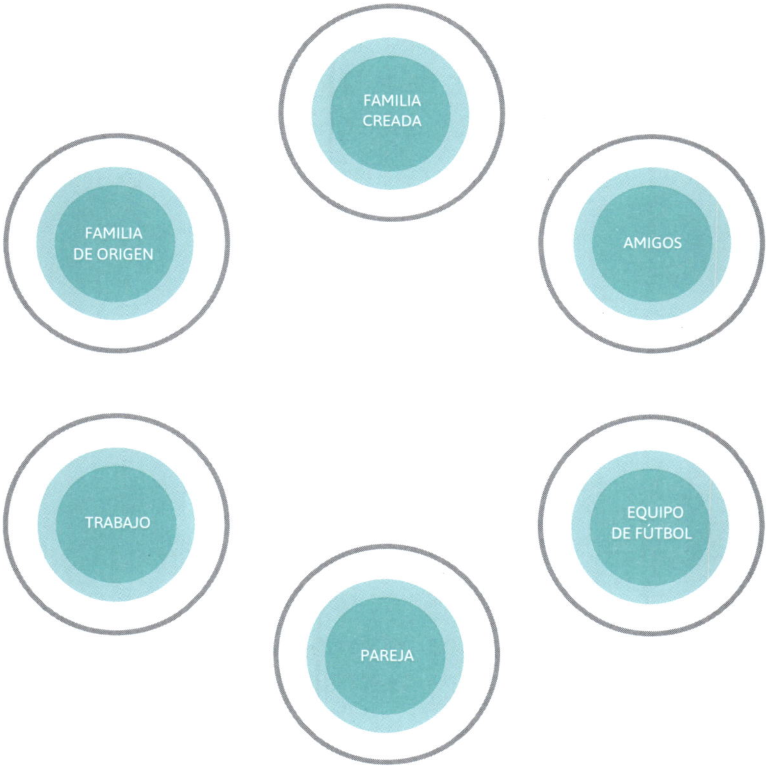

A continuación escribe qué recibes de cada uno de ellos y qué aportas tú. Por ejemplo: en el trabajo recibo reconocimiento, aprendizaje, un salario... Y aporto experiencia, formalidad, dedicación...

TIPO DE SISTEMA	QUÉ DOY AL SISTEMA	QUÉ RECIBO DEL SISTEMA

Ahora te pido que te preguntes si en cada sistema sientes que la relación es la correcta o si crees que recibes más de lo que das o que das más de lo que recibes. Ten en cuenta que es muy posible que las relaciones desequilibradas sean el origen de tu tristeza y tu desmotivación.

Analiza con especial atención tu relación con tus padres y hermanos, es decir, con tu familia de origen. Observa qué les aportas y qué recibes de ellos. ¿Cómo te hace sentir tu relación con tu familia de origen?

Paloma es una mujer de treinta y nueve años, la menor de cinco hermanos, y siempre ha estado muy unida a sus padres. Tiene una relación estable desde hace quince años, y sus lazos familiares son extremadamente fuertes. Paloma empezó a trabajar siendo muy joven y siempre se ha ocupado de que a su familia no le falte de nada. Todos los sábados iba a comer a casa de sus padres y hablaba por teléfono con su madre unas cuatro veces al día, sobre todo después de que esta sufriera una enfermedad que le hizo depender de varios medicamentos y necesitar ayuda para moverse, lo que la convirtió en una mujer cada vez más perezosa y egoísta.

Cuando Paloma vino a verme, me explicó que el motivo de su visita era su estado de ansiedad, que, entre otras cosas, no le permitía dormir por las noches. No entendía a qué se debía su estado de excitación, ya que su vida era estable con su pareja, hacía deporte, llevaba una buena alimentación... Inmediatamente me di cuenta de que en su interior había un miedo irracional por lo que le pudiera pasar a su madre.

Tras varias semanas de largas conversaciones la tristeza comenzó a aparecer. La vida de Paloma estaba marcada por una constante preocupación hacia sus padres, al tiempo que cada día se olvidaba un poco más de sí misma. Sobre todo era la situación de su madre la que definía el origen de su estado. Ya no era la mujer independiente que un día fue y había dejado de luchar. Asimismo, su padre había renunciado a sus sueños para la jubilación y a su vida social para dedicarse en cuerpo y alma a cuidar de su esposa. La situación de ambos le producía a Paloma una intensa tristeza.

Por si fuera poco, y pese a ser la pequeña de cinco hermanos, también se sentía responsable de estos. Dos vivían en el extranjero, y todos se encargaban de sus respectivas familias. Eso no significaba que no se preocuparan de sus padres, pero habían asumido la nueva situación y aceptado las consecuencias. Ninguno gastaba energías intentando cambiar una situación que era imposible cambiar.

Una de las cosas que Paloma comenzó a hacer fue aceptar tanto la enfermedad de su madre como el estilo de vida que sus padres habían decidido llevar. No fue tarea fácil, pues para ello era imprescindible modificar el rol que hasta aquel momento había desempeñado en su familia. Dejó de ser la madre guardiana de sus padres para ejercer de hija. Se propuso no llamar a su madre tantas veces al día, confiar más en su padre y aceptar que los dos eran capaces de tomar sus propias decisiones y de responsabilizarse de las mismas.

Paloma había dejado de viajar con su pareja porque únicamente se iba de vacaciones si sus padres la acompañaban, les hacía la comida para toda la semana y se la llevaba los sábados; obligaba a su madre a dar un paseo diario cuando, en realidad, lo que esta quería era quedarse en casa viendo la televisión... Todo esto suponía un enorme peso para Paloma, una sobrecarga que la estaba llenando de tristeza y desmotivación. De modo que un buen día se dijo: «Mis padres son personas adultas y debo respetar sus decisiones». A partir de ese momento comenzó a centrarse en sí misma, en su relación de pareja y en su propio bienestar. Comenzó a depositar energía donde verdaderamente podía hacerlo. El resultado: Paloma recuperó la ilusión y las ganas de vivir.

Un caso distinto es el de Carlos, a quien podríamos definir como un hombre bueno, siempre pendiente de los demás. Si había algo en lo que podía ayudar, siempre era el primero en llegar. Nunca pedía nada y siempre daba a los demás, incluso antes de que se lo pidieran.

A todo el mundo le parecía que las distintas facetas de la vida de Carlos estaban en orden, y esto fue lo que me transmitió cuando vino a verme: se sentía desolado y muy decepcionado. No entendía cómo la gente que le rodeaba, y a la que tanto había dado, apenas le prestaba atención. El hecho es que Carlos había tenido que prejubilarse a los cincuenta y tres años, lo que había supuesto un cambio muy brusco en su vida, y ahora se encontraba apático y desmotivado.

Estaba claro que había que trabajar a fondo en sus relaciones y averiguar cómo eran y cuál era el papel que Carlos desempeñaba en ellas.

Todos nos relacionamos con distintos sistemas en los que intercambiamos ENERGÍA O AMOR. Es decir, todas las relaciones que mantenemos existen porque hay un equilibrio entre lo que damos y lo que recibimos. Únicamente no es así en la relación de padres e hijos, pues son los primeros los que siempre dan.

Esta doble dirección de las relaciones es fundamental para que se mantengan y sean satisfactorias. Por ejemplo, si de tu trabajo no obtienes lo que quieres, lo más probable es que termines buscando otro empleo. Y, del mismo modo, si no das en tu trabajo lo que se espera de ti, tarde o temprano te despedirán.

Pero no te olvides de que para recibir y dar es fundamental pedir y dejar que los demás nos pidan. Y esto es lo que fallaba en el caso de Carlos: durante toda su vida había dado a los demás, incluso antes de que le pidieran, y él nunca había pedido nada. Pero justo cuando más cariño, atención y compañía necesitaba de sus amigos, estos no estaban. En un primer momento, cuando Carlos se dio cuenta de lo que estaba sucediendo, se enfadó, pero después llegó la tristeza.

Carlos tuvo que encontrar un nuevo lugar en sus relaciones con sus amigos, de tal manera que dejó de anticiparse a los deseos de los demás y comenzó a pedir lo que necesitaba y cuando lo necesitaba. Para ello tuvo que cambiar hábitos y repetirse una y otra vez que no hacía ningún bien —ni a sí mismo ni a los demás— anticipándose sin esperar a que los demás le pidieran ayuda. Cada vez que sus impulsos le llevaban a anticiparse se decía a sí mismo: «Nadie te ha pedido ayuda. Espera a que lo hagan. Es su responsabilidad».

De esta manera, consiguió que sus relaciones fueran más sanas, que fluyeran de distinta manera, hizo que le escucharan y aprendió a escuchar.

HERRAMIENTA 1: CÓMO SON TUS RELACIONES

A continuación te propongo que analices cómo son tus relaciones con los demás, si pides lo que necesitas y cuando lo necesitas, si das sin que te pidan o si esperas a que los demás lo hagan:

RELACIONES	PIDO CUANDO LO NECESITO	DOY SIN QUE ME PIDAN	ESPERO A QUE ME PIDAN	NUNCA PIDO
Familia				
Pareja				
Amigos				
Trabajo				

¿Qué hay detrás de todo esto? Si, por ejemplo, eres de los que dan sin que te pidan, o si eres una persona que no pide nunca, ten por seguro que hay una razón. Te pido que intentes averiguar cuál es y de qué manera afecta a tus relaciones.

En el caso de Carlos, era la necesidad de sentirse querido y respetado por los demás la que le hacía actuar de ese modo. Creía que si daba a todo el mundo, incluso sin que se lo pidieran, le querrían más. Carlos tuvo que trabajar en su seguridad y en su autoestima para tomar conciencia de que las relaciones no se fortalecen por el hecho de que una parte sea siempre la que dé a la otra.

RELACIONES	RAZÓN POR LA QUE NO PIDO	RAZÓN POR LA QUE DOY SIN QUE ME PIDAN
Familia		
Pareja		
Amigos		
Trabajo		

Cuando hablamos de relaciones, ocurre en muchos casos que nos rodeamos de personas que no nos aportan bienestar ni energía positiva, sino todo lo contrario. A estas personas se las denomina **vampiros energéticos.** Sin ninguna maldad, y posiblemente de manera inconsciente, vuelcan en nosotros frustraciones, problemas, se desahogan de sus preocupaciones, vierten su negatividad en nosotros y nos dejan sin energía, bajos de ánimo y con una sensación de agotamiento emocional.

Muchas veces el vínculo que existe con ellos nos impide que tomemos distancia, que nos alejemos de estas personas. Hay veces que son familiares o compañeros de trabajo, o amigos de muchos años, de los que no podemos huir. Sin embargo, sí podemos aprender a adoptar ciertas actitudes que impidan que su negatividad o su apatía o incluso su tristeza se queden con nosotros.

Yo siempre recomiendo que físicamente nos mantengamos lo más alejados posible de ellos. Si coincides en una celebración familiar, evita ponerte al lado de esa persona. Si tienes que trabajar con esa persona, orienta tu cuerpo en dirección contraria, o gírate todo lo que puedas para no cruzar miradas de forma continua. Busca inmediatamente una actividad o hablar con otro compañero, amigo o familiar, que te cargue de energía positiva, y que estar en su compañía te guste y motive. En el caso de que sea una amiga, valora los momentos y el rato que quieres escucharla.

A mí me ocurre que en algunas ocasiones debo trabajar con personas que están pasando por un mal momento, que tienen una actitud de negatividad o que se desahogan contándome sus miedos, inquietudes y problemas. Mi trabajo consiste en escuchar a los demás y, en ocasiones, de la misma manera que estoy con personas que a pesar de sus circunstancias me cargan de energía, otras, por el contrario, me roban la poca que me queda. No puedo culparles ni juzgarles. Pero tras la sesión ventilo la habitación en la que hemos estado, voy al baño y me lavo las manos o la cara, me pongo esa canción que me motiva y me da energía, o charlo y me río con mis hijos.

<u>Cuidado con las emociones.</u> Son contagiosas y circulan a gran velocidad. En ocasiones, estar rodeado de un ambiente negativo, o convivir con personas a las que les cuesta mirar hacia el lado positivo, nos puede influir. Siempre que te sea posible aléjate de ellas.

Paso 4

Toma conciencia de tus pensamientos

8:00 a. m. Suena el despertador. Lo apago mientras me arrepiento por madrugar en un día de fiesta, y dudo si quedarme diez minutitos más en la cama. Todos los días me levanto a las siete de la mañana y, para un día que puedo levantarme tarde, no se me ocurre otra cosa que poner el despertador. El resto de la familia duerme y yo me arrastro hasta la cocina. La razón de madrugar un día como hoy se debe a mi promesa de salir a correr por la mañana, ya que por la tarde voy a trabajar. Desayuno lo de siempre y escucho los informativos. Me visto, cojo mi radio y los cascos, hago unos estiramientos antes de salir y, casi sin darme cuenta, ya estoy en la puerta de mi casa. En la calle hay poca gente; se nota que muchos se han ido de puente, aunque me cruzo con algún vecino que vuelve de sacar a pasear a su perro.

De modo que ahí estoy, dispuesta a respetar la disciplina que me propuse hace unos meses y que me sienta tan bien. Aun así, he de reconocer que mi angelito y mi demonio particulares no paran de pelearse durante el tiempo que estoy haciendo *running*.

Todos los días hago la misma rutina: caliento en el parque que hay al lado de casa y después salgo a correr por las calles próximas. Combino resistencia y velocidad. Los diez primeros minutos son fundamentales. De piernas suelo ir bien, porque el entrenamiento que hago en el gimnasio me ayuda. Pero mis pulmones —soy asmática— tardan en entrar en calor. Mientras corro escucho una cadena comercial de música en español. Me distrae, me motiva, y, en ocasiones, incluso me animo a cantar. Sin embargo, durante esos diez primeros minutos no dejo de pensar en qué demonios me ha llevado a correr y en el dolor que siento en todas las partes de mi cuerpo. No creo que haya un solo músculo que no me moleste. No disfruto en absoluto; es más, me entran ganas de llorar.

De pronto, me acuerdo de mis amigos que corren y pienso que si ellos lo hacen por qué no voy a hacerlo yo. También imagino la ducha de después, en lo bien que me va a sentar, pero, al mismo tiempo, me digo que hoy no voy a aguantar nada, ¡si apenas puedo respirar!... Y así, entre un pensamiento motivador y otro destructor, continúo dándole a las piernas. Durante esos minutos clave recuerdo los motivos por los que decidí retomar el *running:* adelgazar, obtener mayor fondo físico, soltar estrés, mejorar mi forma física combinando actividades... Y cumplir una promesa que me hice cuando enfermó un amigo que, por cierto, siempre me decía que «correr es de cobardes». De hecho, ni él ni yo le encontrábamos la gracia a eso de correr. Pero cuando enfermó me dije que si él tenía la fuerza necesaria para mejorar su estado y contradecir pronósticos médicos, yo también podía hacer un sacrificio y salir a correr. En eso consistió mi promesa: mientras él estuviera enfermo fuera de casa, me comprometía a hacerlo todos los días. Y así, entre pensamientos y recuerdos pasan los minutos, y cuando quiero darme cuenta, ya he superado el reto de hoy.

Pensar y sentir, esa es nuestra vida. No podemos vivir sin pensar, y no podemos vivir sin emociones ni sentimientos. Pero no siempre les damos a nuestros pensamientos el valor que les corresponde.

Somos lo que pensamos,
pensamos lo que hacemos,
hacemos lo que pensamos
y somos lo que hacemos.

Fue Buda quien dijo que **«ni tu peor enemigo puede hacerte tanto daño como tus propios pensamientos».** Pero también es cierto que, si los miras desde otra óptica, tus pensamientos pueden convertirse en tu mejor aliado.

De eso vamos a hablar en este paso, de la manera de observar tus pensamientos. Casi nunca somos conscientes de las palabras que utilizamos, del lenguaje que empleamos y del diálogo interno que mantenemos con nosotros mismos. Y, sin embargo, todo esto afecta a nuestro estado de ánimo. Cuando nos sentimos tristes y desmotivados, nuestros pensamientos serán negativos y, por tanto, actuaremos desde la negatividad. Por ello es fundamental que se produzca en ti un cambio de actitud para el cual será necesario trabajar y transformar tus creencias y tu manera de expresarlas. Solo así podrás decir adiós a la tristeza.

Recuerda que la manera en que interpretas
tu vida depende del enfoque
con que la observas.

Hace un tiempo conocí a Marina, una joven de veintiocho años cuyos pensamientos la llevaban al autosabotaje y a infligirse un daño tremendo. Durante años había luchado por una carrera que no le estaba aportando los beneficios que había imaginado. Tenía muy pocas amistades y prácticamente nunca había mantenido una relación sana de pareja. Se sentía sola y derrotada cuando vino a pedirme ayuda. Juntas indagamos en su interior más profundo y buceamos en sus pensamientos, muchos de los cuales se habían arraigado en ella de manera inconsciente desde que era una niña. Lentamente, experiencia tras experiencia, esos pensamientos se habían transformado en unas creencias que la llevaban a la tristeza y a la desolación. Paso a paso había construido su propia profecía autocumplida, es decir, una creencia falsa que directa o indirectamente se había cumplido.

Cuando era niña, Marina estaba convencida de que no valía para nada. Ni siquiera merecía ser querida, porque no era lo suficientemente buena. Todos estos eslóganes se habían creado a partir de las etiquetas y los comentarios de otros, pero ya formaban parte de ella misma y dirigían su vida como un piloto automático. Más de una vez me dijo que tenía la sensación de que la cabeza le iba a estallar, y cualquier paso en su vida personal o profesional se convertía en un mar de dudas. No confiaba en sí misma, puesto que todo lo que se decía era negativo, y, por si fuera poco, siempre encontraba la manera de confirmar que no se equivocaba en su juicio. No podían amarla porque ya había demostrado que siempre tenía relaciones nefastas; no era una profesional válida porque sus trabajos siempre eran rechazados... Nunca se fijaba en lo positivo que hubiera pasado, y toda su vida parecía rodeada de negatividad. Todos sus pensamientos la conducían hacia la más absoluta oscuridad.

HERRAMIENTA 1: ESCUCHA A TU MENTE

¿Cuántas veces has observado tus pensamientos? ¿Cómo es el diálogo interno que mantienes contigo mismo?

***En primer lugar,* debes tomar conciencia de aquello que piensas, y para ello te propongo que escribas los pensamientos que tienes a lo largo del día, sea cual sea la situación que los haya provocado.**

Anota al menos cinco pensamientos que hayas tenido en un día. Puedes hacerlo en el momento en el que aparezcan o al finalizar la jornada, cuando dispongas de un rato para ti. Observa si es un pensamiento positivo o negativo (si es constructivo o destructivo) y si se refiere a una situación interna o externa (sobre ti mismo o sobre otras personas).

FECHA ....

	PENSAMIENTO	–	+	SOBRE MÍ	EXTERNO
1					
2					
3					
4					
5					

Una vez escritos, léelos en voz alta y pregúntate hacia dónde te llevan. Por ejemplo, Marina estaba preparando un proyecto muy importante para su carrera profesional en el que se proponía como la persona adecuada para trabajar con un grupo de niños en una escuela infantil. La tabla de Marina podría ser como sigue:

FECHA ....

	PENSAMIENTO	–	+	SOBRE MÍ	EXTERNO
1	*Se van a aprovechar de mi trabajo y luego lo desarrollarán ellos*	x			x
2	*No tengo suficiente experiencia con niños*	x		x	
3	*Las empresas siempre se aprovechan y abusan de las debilidades de sus empleados*	x			x
4	*Nunca me salen bien las cosas*	x		x	
5	*No van a valorar lo suficiente mi trabajo*	x			x
6	*No tengo suerte*	x		x	

¿Cómo podría trabajar Marina en ese proyecto si, al presentarlo, en su interior solo veía mensajes negativos y pesimistas? ¿Y adónde le llevaban esos pensamientos? La respuesta era clara: a no conseguirlo. Por mucho que trabajara,

Marina se dirigía hacia el NO. Era incapaz de confiar en sí misma, en su trabajo y en los demás.

Asimismo, ese último pensamiento, «NO TENGO SUERTE», la situaba en el lugar de la víctima. Todo lo que le ocurría —siempre negativo— se debía a factores externos. Es decir, la culpa era de los demás. Por el contrario, si hubiera adoptado el papel de protagonista de su propia vida, Marina se preguntaría por los aspectos de los que era responsable y qué facetas debía mejorar o transformar para que su suerte cambiara.

HERRAMIENTA 2: LA LÍNEA DE LA VIDA

Pero ¿de dónde venían esos pensamientos? El origen estaba en su pasado, en su infancia, pues los primeros años son fundamentales para forjar el carácter, las creencias sobre uno mismo y el estado de ánimo.

De modo que tuvimos que mirar atrás para indagar en la creencia de que no era una mujer válida. Para ello dibujó la línea de su vida y señaló cuándo había sentido que no tenía suerte y que no era válida (los dos pensamientos centrales). Marina se remontó a la época del colegio y al ambiente familiar de su infancia, donde le habían hecho sentir, directa o indirectamente, que no servía para nada. Marina fue creciendo con esa idea y, por tanto, todos los pasos que dio hacia la madurez iban marcados por las etiquetas de «NO VÁLIDA» y «NO TENGO SUERTE».

Cuando tenía dieciséis años, salió con un chico que le gustaba muchísimo. Era la primera vez que se sentía amada, pero, después de dos años de noviazgo, al padre del muchacho le trasladaron a trabajar a otro país y la relación se rompió. ¡Qué mala suerte! ¡Para una vez que la querían!...

Para cambiar estas creencias y pasar de la negatividad a la positividad, fue necesario demostrar (a sí misma) que no siempre fue «NO VÁLIDA» o una chica «SIN SUERTE». Recordó los momentos de su vida en que le habían salido bien las cosas o había tenido suerte. Daba igual si eran situaciones importantes o no.

He de decir que no fue tarea fácil, pues a Marina le costaba mucho recordar cuándo había sido querida, valorada y aceptada, y en qué momentos consiguió lo que se había propuesto. Trabajamos sobre los pensamientos que tuvieron lugar en esas situaciones para que tomara conciencia de hacia dónde le habían llevado sus pensamientos positivos.

Por ejemplo, cuando Marina tenía diez años consiguió entrar en una academia de baile cuyas pruebas eran muy severas. Tuvo que prepararse durante meses, pero creyó en sí misma y fue capaz de verse bailando. Por tanto, si en aquella ocasión fue válida, ¿por qué creía que nunca más lo conseguiría?

Ahora te pido que trabajes tú en tus propios pensamientos. Por cada pensamiento negativo que anotes en tu lista, piensa en uno de signo contrario:

	PENSAMIENTO NEGATIVO	PENSAMIENTO POSITIVO
1	*No valgo para nada*	*Soy válido*
2	*Nunca consigo lo que quiero*	*Consigo lo que me propongo*
3		
4		
5		

Bucea en tus recuerdos y busca cuándo el pensamiento positivo se cumplió:

	PENSAMIENTO POSITIVO	MOMENTO EN QUE SE CUMPLIÓ
1	*Soy válido*	*Cuando aprobé el examen de conducir*
2	*Consigo lo que me propongo*	*De niño fui el protagonista de la obra del colegio. Y esa era mi ilusión*
3		
4		
5		

Lo importante no son las situaciones que describas, sino el hecho de que en alguna ocasión se haya cumplido un pensamiento positivo sobre ti mismo, es decir, tu creencia motivadora.

Una vez que has profundizado en tus creencias, ha llegado el momento de trabajar los pensamientos día a día. El neurólogo António Damásio explica que un pensamiento negativo solo se puede combatir con diez pensamientos positivos, y, de hecho, a medida que vayas modificando tu manera de pensar, verás cómo cambia tu estado de ánimo y podrás erradicar esa tristeza que vive enganchada a ti como una garrapata.

	PENSAMIENTO NEGATIVO	*PENSAMIENTO POSITIVO*
1		
2		
3		
4		
5		
6		
7		
8		
9		
10		

Te propongo que hagas este ejercicio de la manera más visual posible. Es importante que focalices, tomes conciencia y modifiques poco a poco tus pensamientos. Escúchate y, cuando aparezca un pensamiento negativo, pesimista y demoledor sobre ti mismo o sobre alguna situación de tu vida, escríbelo (puedes hacerlo en las notas del móvil, aunque, posteriormente, cuando tengas un rato para ti, te aconsejo que lo escribas en un papel). Después, en otro papel, escribe diez pensamientos positivos que sean opuestos al negativo. Te aconsejo que rompas o quemes el negativo, pero los positivos guárdalos en una caja —o en un cofre (tu cofre del tesoro)—, a la que recurrirás cuando necesites remontar.

Se trata de cambiar de actitud y de observar la situación y a ti mismo desde otra perspectiva.

No existen los milagros. Todos tenemos miedos, inquietudes y dudas, y, en algún momento, hemos visto el vaso medio vacío. Porque todos sentimos y pensamos, y son precisamente esas emociones y esos pensamientos los que nos mantienen vivos, unas veces con más optimismo que otras.

> ***Lo importante* es tener recursos y herramientas que te permitan tomar conciencia de tus creencias sobre ti mismo y cambiar de dirección para remontar el vuelo y recuperar la ilusión.**

Paso 5

Matiza tus palabras y la posición de tu cuerpo

Recordarás que en el primer capítulo te aconsejé que le dedicaras, al menos, una semana a cada paso dirigido a superar tu tristeza. Pues bien, a continuación trataremos de cómo modificar tus pensamientos (lo vimos en el capítulo anterior) mediante un uso adecuado y matizado de tus palabras y tu cuerpo. Porque tus pensamientos se forman con tus propias palabras, aunque en silencio, y los expresas a través de todo tu cuerpo.

Una vez que has transformado tus pensamientos negativos (destructivos) en positivos (motivadores), ha llegado el momento de que te preguntes qué tipo de lenguaje usas diariamente para expresarte.

Porque con tus palabras expresas tus emociones, ya sean positivas o negativas, e incluso tu tono de voz al pronunciarlas será distinto: cantarín si estás feliz e ilusionado y monocorde si te invade la tristeza.

Un buen ejemplo son los niños, de cuya espontaneidad deberíamos aprender los adultos. Observa a los pequeños que seguro tienes a tu alrededor: si se sienten decepcionados porque no pueden hacer lo que deseaban, su tono de voz será bajito, te mirarán de reojo, arrastrarán los pies al caminar y su espalda se encogerá. Si les preguntas directamente, te dirán: «Estoy *triste*», «Me *aburro*», «*Nunca* me dejas hacer lo que quiero»...

Ahora asómate por un cumpleaños infantil: todo serán gritos, risas, bailes, nervios... Corporalmente se mostrarán firmes, con la cabeza levantada y los hombros rectos. Si les preguntas, te dirán: «Lo estoy pasando *genial*», «Me *divierte* este juego de disfraces», «Tengo un montón de *amigos*»...

Habrás comprobado que el lenguaje en ambos casos es completamente diferente. Y lo mismo nos ocurre a los adultos. Cuando nos encontramos decaídos y apáticos, nuestro vocabulario estará plagado de palabras de queja, nuestro timbre de voz será más bajo, parecerá que a nuestro cuerpo le han caído varios kilos de golpe, arrastraremos los pies al movernos, encorvaremos los hombros y la espalda, y miraremos al suelo mientras caminamos. Todo lo contrario de lo que sucede si nos sentimos felices y optimistas: hablamos más deprisa, incluso atropelladamente, y nuestras palabras reflejan ilusión, esperanza en el futuro y ganas de soñar.

Recordarás a Marina, de quien hablamos en el capítulo anterior. Cuando nos encontrábamos, yo siempre le hablaba con entusiasmo y con un tono de voz alegre; sin embargo, su respuesta era siempre quejosa y apagada: «Aquí estamos, luchando», «Nunca he podido hacer...», «El mundo está en mi contra», «No voy a poder conseguirlo», «Soy tan torpe», etc. Y si en alguna ocasión le sucedía algo positivo, al final siempre añadía: «No creo que vuelva a tener tanta suerte», «Ha sido por casualidad», «A ver cuánto me dura esta racha»...

O sea:

- ☐ *Luchando.*
- ☐ *Nunca he podido.*
- ☐ *En mi contra.*
- ☐ *Torpe.*
- ☐ *No creo.*
- ☐ *Por casualidad.*

Seguro que, solo con leerlas, ya estás agotado y notas que te invade el desasosiego.

Pero cambia esas palabras y expresiones por estas otras

- ☐ *Trabajando.*
- ☐ *A veces puedo.*
- ☐ *Reto.*
- ☐ *Soy capaz.*
- ☐ *Lo he conseguido.*
- ☐ *Volverá a ocurrir.*

***Nuestro lenguaje* es GENERADOR y nos lleva a la acción. Si tus palabras son pesimistas y negativas, tus acciones te conducirán a la negatividad, y la tristeza y la impotencia ganarán la batalla. Por el contrario, si tu lenguaje es positivo, tu estado de ánimo también lo será, te sentirás dueño y responsable de tu vida, trabajarás para conseguir los objetivos que te has marcado y aprenderás de cada experiencia.**

Seguro que te has dado cuenta de que hay una palabra clave que demasiado a menudo usamos para generalizar: **SOY**. Es decir, «soy torpe», «soy incapaz», etc. Si usas expresiones de ese tipo, ten por seguro que no podrás cambiar ni tu realidad ni tu estado de ánimo. Por eso te sugiero que cambies **SOY** por **ESTOY,** porque de ese modo no generalizarás y verás que hay una posibilidad de **ESTAR FELIZ.**

Y la clave de todo esto se halla en tomar conciencia de cómo te expresas. Es cierto que pocas veces tenemos la oportunidad de vernos o de escucharnos desde fuera, como si estuviésemos en una película. Por eso te pido que te escuches cuando hablas y te relacionas con los demás, que te fijes en el volumen que usas, en la entonación de tus mensajes y en tu expresión corporal.

Todos estos detalles suelen pasar desapercibidos, pero te aseguro que son de la máxima importancia. No permitas que tu lenguaje y tu cuerpo transmitan negatividad y pesimismo. No te conviertas en una persona que agota a quien se tropieza con ella y de la que todos huyen.

HERRAMIENTA 1: LA IMPORTANCIA DE LAS PALABRAS

Por eso te propongo que escribas las palabras que sueles utilizar. Si quieres, puedes grabar conversaciones o utilizar un «gancho» (una persona de confianza) que apunte las expresiones que más utilizas.

	PALABRAS UTILIZADAS	*TONO*	*VOLUMEN*
1			
2			
3			
4			

Ahora escribe las palabras contrarias, que son las que desearías utilizar, así como el tono y el volumen óptimos para comunicarte con los demás y contigo mismo.

	NUEVAS PALABRAS	*TONO*	*VOLUMEN*
1			
2			
3			
4			

> *El objetivo es que elimines de tu vocabulario aquellas palabras y expresiones que te hacen daño y no te permiten recuperar la ilusión. Si transformas tu lenguaje y tus pensamientos, podrás cambiar tu actitud.*

En lo que respecta a tu cuerpo, te propongo que hagas lo mismo. Busca a alguien de confianza que pueda observarte y describir después cuál era la postura corporal que tenías mientras hablabas. Obsérvate si tienes un espejo cerca y mira atentamente las fotografías en las que apareces solo o relacionándote con los demás. Solo así podrás tomar conciencia de lo que transmites al exterior y podrás comenzar a cambiar lo que no te gusta.

¿Cómo quieres que se muestre tu cuerpo a partir de ahora? Recuerda que todo está conectado:

...... PENSAMIENTOS ...... PALABRAS .... CUERPO ....

Podemos trabajar cada elemento de manera independiente o todos a la vez, de manera que el trabajo en uno de ellos se manifieste de inmediato en los otros dos. Si tus pensamientos comienzan a ser positivos, empezarás a usar palabras positivas y tu cuerpo se mostrará abierto, seguro y alegre. Si de forma consciente trabajas en cambiar tu actitud corporal, tu estado de ánimo se contagiará y también tus palabras y pensamientos. Si modificas tu lenguaje, tus pensamientos serán motivadores y te mostrarás seguro y feliz ante los demás.

Desde el punto de vista corporal, comienza a adoptar posturas abiertas, de firmeza y seguridad, y evita encorvar la espalda, echar los hombros hacia delante, arrastrar los pies y cruzar tus brazos cuando hables con los demás. Cuando te sientes, no eches tu cuerpo hacia atrás; apoya bien tu espalda en el respaldo y forma una L entre tu tronco y tus piernas. No agaches la cabeza y procura andar balanceando los brazos a lo largo del cuerpo.

HERRAMIENTA 2: EL PODER DE LA SONRISA

Se trata de un elemento del que no nos podemos olvidar, pues está demostrado que sonreír tiene un inmenso poder curativo. De hecho, los antiguos griegos ya hablaban de la capacidad sanadora de la risa, y en muchos países del mundo se ha convertido en una técnica curativa con magníficos resultados.

En la Antigüedad se decía que si movíamos el **ALMA,** teníamos **SALUD,** pero que si se quedaba quieta, enfermábamos. Por eso es importante reírse y mover el diafragma, que es el centro de nuestra alma y el lugar por donde pasan todas nuestras emociones.

En el siglo XIX, Charles Darwin escribió el libro titulado *La expresión de las emociones en el hombre y en los anima-*

les, donde el genial naturalista inglés defendía la tesis de que las expresiones faciales aumentan la intensidad de las emociones.

Son muchos los estudios que se han realizado sobre la sonrisa y la risa. En los últimos años se han puesto de moda disciplinas como la **RISOTERAPIA** para combatir el estrés y la angustia, y mejorar la salud incorporando la risa en nuestras vidas. Y es que, en efecto, se ha demostrado que reír alivia ciertos estados de depresión, refuerza el sistema inmunológico, relaja el cuerpo y la mente, mejora la respiración y la circulación sanguínea, potencia la creatividad y la imaginación, mejora la comunicación y eleva la autoestima.

Ten en cuenta que, al reírnos, nuestros pulmones mueven doce litros de aire en lugar de los seis habituales, lo que favorece el ritmo cardiaco y, por consiguiente, fortalece el corazón.

¿Sabes cuántos músculos están involucrados en el acto de sonreír? Algunos dicen que son doce, y otros, diecisiete. Entre los más importantes se encuentran los de la cara, como el músculo elevador del ángulo de la boca, el elevador del labio superior, el orbicular de los ojos, el risorio, el cigomático mayor o el cigomático menor. Pero, además, cuando nos reímos a carcajadas, activamos 430 músculos del cuerpo, muchos de ellos conectados con el diafragma, que, como ya dijimos, se encuentra en el centro de nuestra respiración y de nuestras emociones.

***Los efectos de la risa* —tanto en uno mismo como en los demás— son muy numerosos y variados. Por ejemplo, se ha comproba-**

do que solemos ser más flexibles con una persona que nos ha molestado si nos sonríe abiertamente. Asimismo, todos sabemos que una buena sonrisa es la mejor manera de salir airoso de una situación vergonzosa.

¿Podemos entrenar nuestra risa? Si hace mucho que no sonríes, te aconsejo que te pongas manos a la obra y comiences a entrenar. Colócate frente a un espejo después de levantarte y pon una música de fondo que te motive (tu canción favorita). Coge un lápiz e introdúcelo horizontalmente en la comisura de los labios. De ese modo, obligarás a tu cara a que vuelva a sonreír.

Ahora observa cómo te sientes. Te aseguro que tu estado de ánimo será más positivo y es fácil que hayas estado a punto de soltar una carcajada...

También te aconsejo que leas, veas y escuches aquello que te haga sonreír. Tenemos la costumbre de escuchar canciones tristes, recordar a personas que ya no están a nuestro lado o ver películas que nos hacen adentrarnos aún más en nuestra tristeza. A partir de ahora, oblígate a oír música alegre que te invite a bailar, a ver películas de humor que te permitan soltar una carcajada, y rodéate de personas positivas y alegres. En resumen:

AYUDA A TRANSFORMAR TU INTERIOR TRANSFORMANDO TU EXTERIOR.

Paso 6

Redecora tu vida

Hace algún tiempo se puso en contacto conmigo una mujer de sesenta y dos años, Carmen, que se encontraba completamente desolada y desmotivada. Se enfrentaba a graves problemas económicos porque, debido a su bajo estado de ánimo, hacía tres años que no trabajaba. Su marido lo hacía de tarde en tarde, sin continuidad. Tenía tres hijos; dos de ellos vivían ya por su cuenta, pero uno seguía en el hogar familiar. Residía en un pueblo costero que sufrió mucho la crisis y en el que una gran parte de la población activa se había quedado en paro.

Carmen había heredado la casa de sus padres, fallecidos unos cuantos años atrás. Esa pérdida supuso para ella un duro golpe del que aún no se sentía recuperada, y, de hecho, desde su muerte apenas había cambiado nada en aquella casa. Mantenía sus pertenencias personales y, según contaba ella misma, se sentía incapaz de abrir la puerta de la que fue la habitación de sus progenitores porque allí se agolpaban un sinfín de fantasmas. Al mismo tiempo, Carmen era consciente de que su situación económica mejoraría sustancialmente si arreglaba la casa y hacía algunas obras con el fin de alquilarla. Pero su estado anímico le impedía ponerse manos a la obra. De modo que Carmen se hallaba en un círculo vicioso del que no sabía salir:

NO TENGO TRABAJO · MI ECONOMÍA ES MALA · ESTOY DESANIMADA · NO SALGO DE CASA · NO BUSCO TRABAJO · NO SOY CAPAZ DE ARREGLAR LA CASA DE MIS PADRES · NO PUEDO HACER NADA PARA CAMBIAR LA SITUACIÓN.

La primera vez que hablé con Carmen fue por teléfono. Le pregunté dónde se encontraba en aquel instante. Me dijo que sentada en el salón de su casa, en el mismo sillón de siempre. Era su rinconcito protector. Cuando miraba a su alrededor, tan solo veía trastos viejos que se iban acumulando y casi siempre tenía las persianas medio bajadas. Ella misma reconocía que aquella estancia le producía angustia, pero no tenía fuerzas para cambiar el paisaje de su vida.

Hacía meses que deseaba arreglar la gran terraza con vistas al mar, pero los trastos seguían acumulándose también allí, con lo que nadie podía disfrutarla. A medida que me iba describiendo su hogar, mi imaginación iba recorriendo aquel lugar: muchos trastos, poco espacio, apenas luz, mucho desorden... Le pregunté por el resto de las habitaciones, y me dijo que, desde que se fueron sus dos hijos mayores, una de ellas se había convertido en el cuarto de los juguetes de sus nietos, es decir, un lugar lleno de objetos en el que apenas se veía el suelo. La habitación en la que dormía su hijo menor necesitaba un cambio de pintura y sustituir varios muebles viejos, pero Carmen no se decidía a hacerlo y se justificaba con su estado de ánimo.

Sea cual sea nuestro estado anímico, todos tendemos a acumular cosas que ya no usamos o que incluso están rotas. Nos cuesta desprendernos de nuestras pertenencias, aunque estas ya no tengan más función que la de ocupar espacio. Recuerda que todos somos **ENERGÍA**, *nos rodeamos de energía y nos relacionamos con energía. Y que no solo tienen energía los seres vivos, sino también los objetos de nuestro alrededor.*

La energía te mueve. Si te falta o la gestionas mal, te puede paralizar. Si no comienzas a desprenderte y a modificar aquello que te priva de la energía positiva, no podrás realizar cambios y no te sentirás mejor.

Carmen necesitaba trabajar su duelo pendiente para dejar marchar a sus padres, pero era fundamental que comenzara a **REDECORAR SU VIDA**. ¿De qué manera? Deshaciéndose de aquello que no le servía y que, sin embargo, ocupaba tanto espacio. Del mismo modo que ventilamos nuestra casa para que entre aire fresco, nuestra energía también se tiene que limpiar y renovar. Si tienes un armario lleno de ropa que ya no usas y quieres comprarte algo nuevo, tendrás que despojarte de lo viejo.

Si tu estado de ánimo está lleno de tristeza, tendrás que apartarla y desprenderte de ella para que entren sensaciones nuevas.

Esto es lo que vamos a hacer en este paso. Quizá necesites más de una semana. No importa; se trata de que te pongas en marcha y adquieras un nuevo hábito.

HERRAMIENTA 1: ORDENA TU HOGAR

Comienza por aquello que te resulte más fácil, en casa o en tu trabajo. Pero no olvides que **TODO LO QUE EMPIEZAS LO ACABAS.** Por tanto, planifica tus tareas y ponte manos a la obra.

Elige una habitación por la que empezar y prepara cuatro cajas (o cuatro bolsas) que te servirán para cuatro objetivos:

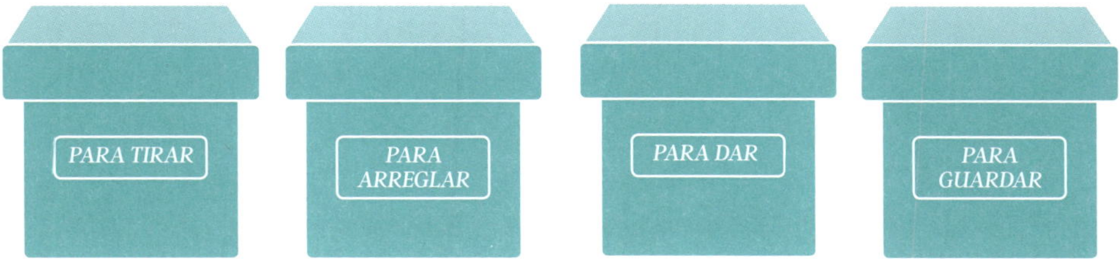

Mejor que hacer una lista de objetos, te propongo que pases directamente a la acción. Comienza por la parte más alta de la estancia y ve echando objetos en cada una de las cajas. No te aferres a los recuerdos físicos que no te aportan ningún beneficio. De nada te sirven si llevan meses o años guardados en un armario.

Todo aquello que hace más de un año que no usas puedes darlo o tirarlo. Lo que puedas arreglar y creas que te va a servir en un futuro próximo, guárdalo en la caja de cosas PARA ARREGLAR. Como si fueras a hacer una mudanza, piensa que ha llegado el momento de hacer limpieza para vivir en tu NUEVO HOGAR EMOCIONAL.

En la caja de objetos PARA DAR, guarda aquello que, quizá, pueda servir a otras personas. Compartir genera felicidad. Ser generoso y ayudar a otras personas es una fuente de bienestar.

Cuando hayas decidido qué objetos te quedas, cuáles tiras y cuáles das, busca un espacio adecuado para los primeros y colócalos allí (a la vista o no). Después tira al contenedor lo que ya no quieras y llama o busca a las personas a las que desees dar eso que a ti ya no te sirve. Esta tarea te ayudará a liberar energía y a centrar tu atención más allá de tu propio estado de ánimo. Incluso te sorprenderás soltando una carcajada al ver una prenda pasada de moda o una foto sacada muchos años atrás.

> ***Recuerda:*** ***una vez que has comenzado a redecorar tu vida, no puedes echar marcha atrás ni quedarte a medias. Comprueba que tu estado de ánimo se va transformando y que te sientes con más fuerza y energía para empezar una nueva etapa. Estás diciendo adiós para dar la bienvenida a sensaciones y emociones nuevas.***

Carmen comenzó por el salón de su casa. Arregló las cortinas y abrió las persianas, con lo que permitió que entrara la luz del sol. El hecho de moverse de un lado a otro de la estancia le dio energía y sintió que las ganas de hacer más cosas iban en aumento. Después siguió con la habitación de su hijo pequeño, con la cocina y la terraza. Resultado: tras varios meses de trabajo, Carmen deseaba invitar a gente a su casa y se sentía bien en su entorno. Retomó la relación con sus viejas amigas y decidió hacer dieta y ejercicio físico para adelgazar. Aceptó algunas ofertas de trabajo temporal que surgieron y recuperó la ilusión. Se sentía cómoda y feliz en el lugar más importante de su vida, que, sin embargo, durante tanto tiempo se había convertido en su cárcel. No fue magia; simplemente, Carmen movió su energía negativa para transformarla en positiva. Incluso arregló la casa de sus padres, la alquiló y, de ese modo, obtuvo unos ingresos extra que le permitieron sentirse mucho más libre.

En efecto, Carmen redecoró su vida y comenzó a sentirse viva. Ahora te toca a ti: ¿por dónde vas a empezar?

Paso 7

Organiza tu descanso

¡Qué importante es descansar! El descanso aporta energía, buen humor, capacidad para ver los problemas y las adversidades de una manera más positiva... Por el contrario, cuando no nos cuidamos y no descansamos lo suficiente, todo lo vemos negro, nuestro ánimo se hunde, nos sentimos irascibles y nuestras fuerzas para seguir adelante disminuyen de forma considerable.

El descanso y la tristeza actúan como un bumerán. Si te sientes triste, lo más seguro es que no puedas descansar, ya sea porque estás demasiado inactivo y cuando llega la noche no tienes sueño, ya sea porque no paras de darle vueltas a la cabeza y la inquietud te domina. Asimismo, la falta de descanso afectará directamente a tu estado de ánimo.

El elemento clave del descanso es el **sueño,** uno de los procesos más importantes del organismo para garantizar el bienestar. Por eso se habla del **SUEÑO REPARADOR,** que es el que deja sitio en el cerebro para nuevos aprendizajes y ayuda al correcto funcionamiento del organismo. De hecho, se dice que la peor tortura a la que puede ser sometida una persona es privarla de sueño.

Según J. Christian Gillin, profesor de psiquiatría en la Universidad de California, el tiempo máximo que ha aguantado una persona sin dormir han sido once días, aunque la media que han arrojado distintos estudios oscila entre los ocho y los diez días. Tras este periodo, ninguna de las personas analizadas sufrió problemas médicos, ni fisiológicos ni psicológicos, y todas pudieron recuperarse con normalidad.

Sin embargo, está demostrado que la falta de sueño puede producir importantes problemas y trastornos de salud, y, además, dificulta el control de las emociones, de los comportamientos y de los pensamientos.

¿Cuántas horas de sueño necesitamos? Aunque, por lo general, se habla de un mínimo de ocho horas, cada persona requiere un número determinado que depende de factores biológicos, conductuales y ambientales.

Es importante que sepas cuál es tu tiempo mínimo de sueño para funcionar bien, y para ello es fundamental que conozcas bien tu organismo. Recuerda que, cuando duermes, disminuye la cantidad de hormonas relacionadas con el estrés y se renuevan los sistemas nerviosos que aportan optimismo, energía, confianza en ti mismo, capacidad de atención y memoria.

El sueño se desarrolla en cinco fases:

1. **Adormecimiento.** Es un estado de somnolencia, entre la vigilia y el sueño, que dura unos diez minutos. Este estado basta para restaurar el cuerpo, en especial el sistema motor, pero seguirás sintiendo necesidad de dormir.
2. **Sueño ligero.** Disminuyen el ritmo cardiaco y el respiratorio. Se sufren variaciones en el tráfico cerebral —periodos de calma y de súbita actividad—, por lo que es

más difícil despertarse. En algunos casos, las pulsaciones son extremadamente bajas.

3. **Fase de transición a un sueño más profundo.** Dura entre dos y tres minutos.
4. **Sueño Delta.** Las ondas cerebrales son amplias y lentas, al igual que el ritmo respiratorio. Dura unos veinte minutos y no suelen producirse sueños. Esta fase determina la buena o la mala calidad del sueño.
5. **Fase REM.** El cerebro está muy activo, pues es cuando soñamos y procesamos gran cantidad de información de nuestro entorno. En esta fase se muestra una actividad cerebral semejante a la de la vigilia.

HERRAMIENTA 1: OBSERVA TU DESCANSO

Te aconsejo que observes tu descanso y que detectes si tienes problemas para conciliar el sueño y si duermes las horas que necesitas para levantarte por la mañana con energía y buen humor.

Si tienes problemas para dormir y te das cuenta de que esto afecta a tu estado de ánimo, te propongo que adoptes los siguientes hábitos:

- **Elimina** completamente la **cafeína.** Si no puedes hacerlo del todo, al menos no la consumas desde seis horas antes de acostarte.
- **Elimina el alcohol y el tabaco.**

- Haz **cenas ligeras.** Ingerir grandes cantidades de alimentos antes de acostarte te impedirá descansar.
- **No** te acuestes con **sensación de hambre.**
- **No hagas la siesta,** o al menos reduce el tiempo de sueño después de comer.
- Procura **que tus horarios sean regulares;** de lo contrario, tu ritmo biológico se verá afectado negativamente.
- Mantén en tu casa una **temperatura agradable** y convierte tu dormitorio en tu lugar de descanso. Te aconsejo que no leas, comas o veas la televisión en la cama.
- Haz **ejercicio** todos los días (hablaremos de esto más adelante), pero no a última hora de la tarde, pues tu organismo se acelerará y, por consiguiente, te costará más conciliar el sueño.

HERRAMIENTA 2: RELÁJATE

Además de estas pautas saludables, te aconsejo que, antes de dormirte, le dediques unos minutos a la **RELAJACIÓN:**

EJERCICIO 1. Túmbate en la cama, con las piernas, el tronco y los brazos apoyados en el colchón y sin cruzar ni las piernas ni los brazos. **Respira con el diafragma,** es decir, aspira aire por la nariz y expúlsalo usando tu abdomen (verás que este pierde volumen al exhalar). Esta técnica de respiración no suele salir a la primera, pero practícala durante unos minutos todos los días y verás cómo poco a poco comienzas a dominarla.

1

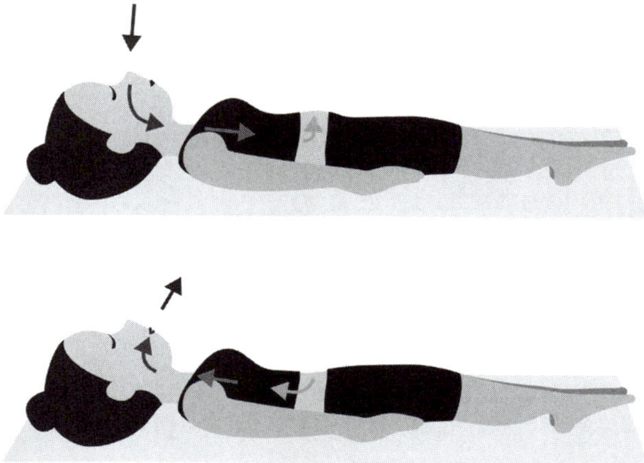

Pronto te darás cuenta de que el ritmo cardiaco disminuye. A continuación, **visualízate** como si llevaras una pequeña cámara dentro de tu cuerpo que te permite recorrerlo de arriba abajo. Comienza por las plantas de los pies, los tobillos, los gemelos, las rodillas, los muslos y las caderas, y continúa por el abdomen, el pecho, los hombros, la mandíbula y el rostro. Terminarás por la cabeza y la coronilla. Haz este recorrido muy lentamente y observa si sientes algún dolor o algún lugar que esté en tensión. Si lo encuentras, concéntrate en él y sigue respirando profundamente.

Es posible que las primeras veces no puedas concentrarte y que pasen por tu cabeza mil imágenes. No te enfades ni te presiones; sigue respirando y regresa al lugar en el que estabas cuando te descentraste.

***La respiración diafragmática* y la visualización interna te ayudarán a relajarte y a conciliar el sueño. Dedícale el tiempo que necesites (a veces, con diez minutos basta). El estado de calma que alcanzarás te permitirá inducir un sueño profundo.**

EJERCICIO 2. También llamado «Técnica 4-7-8 del doctor Andrew Weil». Exhala por la boca todo el aire que tengas en los pulmones. Cierra la boca y coge aire por la nariz mientras cuentas hasta 4. Aguanta la respiración y cuenta hasta 7. Exhala el aire mientras cuentas hasta 8. Repite el ejercicio hasta que comiences a sentir la relajación.

2

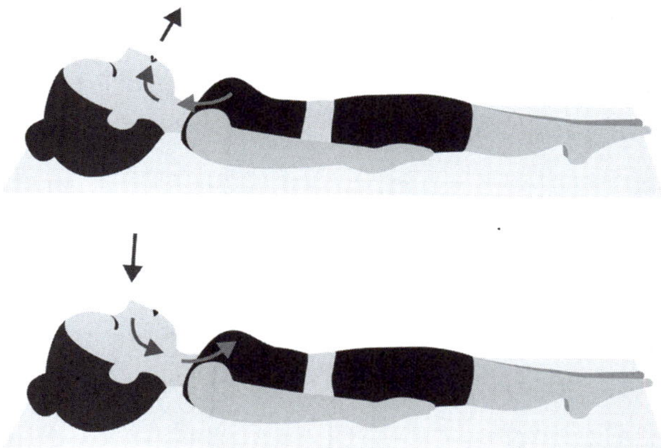

HERRAMIENTA 3: MEDITA

También es recomendable que comiences a practicar la **MEDITACIÓN.** Para ello puedes apuntarte a algún taller en grupo, que, además, te permitirá entablar nuevas relaciones, o hacerlo solo en un lugar tranquilo de tu propia casa. En este último caso, te aconsejo que busques en Internet páginas que te permitirán hacer una meditación guiada.

Los beneficios que puede reportarte la meditación son muy numerosos:

- Incrementa tu **felicidad** y favorece tu **salud,** ya que aumenta las emociones positivas y estimula el sistema inmunológico.
- Mejora la **memoria** y la **atención.**
- Aumenta el volumen del cerebro, especialmente las áreas que regulan las **emociones positivas** y el **autocontrol.**
- **Disminuye la ansiedad,** el estrés y la depresión.
- **Mejora la empatía** y la comprensión. Promueve la solidaridad y la capacidad de RESILENCIA ante las adversidades; es decir, tu capacidad para volverte a levantar tras una caída o un momento difícil.

Si, a pesar de todas estas pautas, sigues teniendo problemas para dormir y no descansas lo suficiente, lo mejor es que acudas al médico, ya que es posible que el trastorno se deba a la carencia o ausencia de algún aminoácido como el **triptófano,** que es el encargado de regular los niveles de serotonina en el cerebro. La serotonina es precursora de la hormona llamada **melatonina,** vital para regular el ciclo diario de vigilia-sueño.

> ***Actualmente** existen numerosos compuestos naturales que te ayudan a regular el ciclo del sueño. Por tanto, si tienes problemas para descansar, acude a un especialista que te examine y te señale los hábitos que debes comenzar a adquirir.*

Dedícate tiempo

En ocasiones, el descanso no está relacionado tanto con las horas de sueño como con el tiempo que dedicas a cuidarte. Por lo general, llevamos una vida frenética que hace que nos olvidemos de nosotros mismos. Apenas existen momentos de silencio en nuestras vidas y no somos capaces de parar y de quedarnos tranquilos sin hacer nada. Siempre estamos realizando alguna tarea, en ocasiones para no pensar en nuestros problemas. Pero ten en cuenta que una actividad excesiva y descontrolada se puede convertir en una trampa muy peligrosa.

Esto le ocurría a Encarna, de sesenta y tres años, madre de tres hijos, que siempre se dedicó por entero al cuidado de su familia. Con el paso del tiempo se fue dando cuenta de que sus hijos la necesitaban cada vez menos y se iban independizando. Encarna padecía el síndrome del nido vacío; se sentía triste y desanimada, y apenas encontraba motivos para seguir adelante. Su hijo mayor tuvo gemelos, la mediana tenía una niña de cinco años y un bebé de pocos meses, y la pequeña estaba embarazada.

Esta situación hizo que Encarna retomara cierta actividad, pero siempre dirigida a ayudar a los demás. Por las mañanas recogía a los gemelos de la guardería y los llevaba a su casa hasta que regresaban sus padres de trabajar. A su hija embarazada la acompañaba a hacerse todas las pruebas y se ocupaba de cuidar también a su nieta de cinco años mientras su hija iba con su bebé a clases de matronatación.

En resumidas cuentas, a las diez de la noche, Encarna estaba agotada y apenas le quedaban fuerzas para pasar un rato consigo misma. Una parte de ella se sentía feliz, pero era consciente de que su vida se limitaba a los demás y que no se cuidaba lo suficiente. En ocasiones se comparaba con algunas amigas que tenían sus aficiones, se iban de viaje o quedaban para comer juntas o ir al cine. Encarna vivía por y para su familia, un pilar fundamental en su vida, pero ahora se daba cuenta de que debía ocuparse un poco más de sí misma y descansar.

Todos debemos aprender a cuidarnos, a tener nuestro tiempo y nuestro espacio. Es fundamental que encuentres momentos de tranquilidad y de relax para pensar en ti mismo, renovar energía y recuperar la ilusión.

Encarna y yo trabajamos en su descanso. Debía recuperar su propio espacio y, ya que su marido se jubilaría en un par de años, deseaba hacer planes para el futuro. Para ello comenzó a TRABAJAR SUS LÍMITES, pues era la única manera de averiguar cuáles eran sus propias necesidades. Sus hijos la necesitaban, pero se dio cuenta de que también se necesitaba a sí misma. Decidió que dos tardes a la semana serían para ella, para hacer planes con su marido, quedar con sus amigas, dar un paseo, hacer algo de ejercicio o, simplemente, quedarse sentada en el salón sin hacer nada.

Encarna deseaba empezar a vivir sin reloj, sin estar pendiente de los horarios de los demás. Tuvo que aprender a decir NO y para ello explicó a sus hijos sus nuevos objetivos. Su familia comprendió perfectamente la situación y todos se dieron cuenta de lo mucho que le habían pedido a Encarna durante años. Por supuesto, ella seguiría ayudándoles, pero había decidido que una parte importante de su tiempo se la dedicaría a sí misma para descansar y sentirse más feliz.

HERRAMIENTA 4: PIENSA EN TI

Ahora te propongo que contestes a las siguientes preguntas:

¿QUÉ QUIERES HACER A PARTIR DE AHORA?

¿A QUÉ QUIERES DECIR NO?

¿QUÉ NUEVOS HÁBITOS QUIERES INCORPORAR A TU VIDA?

Comienza a poner en práctica todo aquello que deseas vivir. Deja espacio para ti mismo, cuídate, busca momentos de tranquilidad que sean solo tuyos... Te aseguro que te sentirás mucho mejor, y tu bienestar repercutirá en quienes te rodean.

Paso 8

Come bien

Alimenta tu ánimo

Seguro que la siguiente imagen te resulta familiar: la protagonista de una película tiene un disgusto considerable porque su pareja la ha abandonado o porque la han despedido de su trabajo, y por ello engulle una tarrina de helado de chocolate en tiempo récord. Te suena, ¿verdad? Sin duda, todos nos hemos visto en algún momento en una situación similar. Y es que, en efecto, parece que después de comer una tarrina entera de helado uno se siente más satisfecho, aunque el sentimiento de culpa aparecerá irremediablemente.

Numerosos estudios científicos y médicos han llegado a la conclusión de que los alimentos influyen en nuestro estado de ánimo, ya sea para mejorarlo o para empeorarlo, pues son capaces de modificar las sustancias químicas del cerebro encargadas de las emociones. Por eso, llevar una dieta equilibrada e incluir en ella alimentos que producen bienestar emocional es una manera muy efectiva de mantener el optimismo y la energía incluso en momentos difíciles.

Si quieres sentirte bien, es fundamental que prestes atención a tu alimentación. La tristeza produce un mayor consumo de glucosa y oxígeno, y por eso da lugar a estados de agotamiento. Asimismo, cuando estamos tristes, disminuye el número de receptores del sabor dulce que tenemos en la lengua, con lo que nuestra capacidad para disfrutar de la comida es también menor.

Es cierto que llevar una correcta alimentación en los momentos bajos implica una gran dosis de esfuerzo y voluntad, ya que apenas se tienen ganas de comer, el estómago se cierra y resulta casi imposible ingerir alimentos, sobre todo los saludables.

Recuerda que **en nuestras «tripas» se encuentra nuestro segundo cerebro,** ya que poseen una actividad muy parecida a la de la cabeza. La estructura de las células digestivas es idéntica a la de las neuronas cerebrales y, de hecho, liberan los mismos neurotransmisores, hormonas y moléculas químicas.

Entre las sustancias químicas que libera este «segundo cerebro» se encuentra la serotonina, también llamada hormona de la felicidad. Por eso, si adoptas hábitos saludables en tu alimentación, tu sistema digestivo responderá aportándote sensación de bienestar, de energía y de optimismo.

A continuación, haré una lista de alimentos que siempre debe haber en tu dieta:

- **Nueces.** Poseen una gran cantidad de selenio, un mineral antioxidante muy beneficioso, pues tiene la capacidad de «disparar» el buen ánimo.
- **Leche y lácteos.** Tienen un alto contenido en proteínas, grasas y vitaminas A, B y D, y minerales como el calcio y el fósforo. También son ricos en aminoácidos, que influyen en el estado de ánimo. Un estudio realizado por el hospital Monte Sinaí de Nueva York con 33 mujeres, a las que se les suministró una dosis diaria de 1.000 mi-

ligramos de calcio, demostró que el consumo de calcio está directamente relacionado con el humor. De hecho, el 75 % de las mujeres que formaron parte del estudio reconocieron sentirse menos irritables, nerviosas y tristes, al tiempo que afirmaban que su estado de ánimo cambiaba menos.

- **Pescado.** Se ha demostrado que el consumo regular de pescado reduce los síntomas de depresión. Las grasas Omega-3, que abundan en el pescado, ayudan a aliviar desórdenes del ánimo, pues incrementan los niveles de neurotransmisores como la serotonina.
- **Carne de pavo.** En ella se encuentra la tirosina, un aminoácido precursor de neurotransmisores como la dopamina y norepinefrina.
- **Carne de vaca.** Es la mejor fuente de hierro que existe, por lo que es un alimento vital para combatir la fatiga y el desánimo.
- **Pan de grano entero.** En este alimento se combinan carbohidratos y aminoácidos, como el triptófano, que es clave en la síntesis de la serotonina. La falta de triptófano puede producir depresión y una mayor sensibilidad al dolor.
- **Chocolate.** Probablemente sea el mejor alimento para la depresión; en especial el chocolate negro, ya que los flavanoles del cacao ayudan a mejorar el estado de ánimo y a mantener la claridad mental. También ayudan a reducir el estrés y nos aportan sensación de bienestar. Por eso te recomiendo que consumas chocolate con un 80 % o más de cacao, ya que, cuanto más concentrado sea, mayor efecto tendrá en tu organismo.

- **Canela.** No mucha gente lo sabe, pero la canela ayuda a prevenir la hipoglucemia. Cuando baja el nivel de azúcar en la sangre, también lo hace el estado de ánimo.
- **Espinacas.** Son muy ricas en ácido fólico, que se ha demostrado que combate la depresión.
- **Miel.** Entre sus múltiples beneficios se encuentra el de ser fuente de triptófano, el aminoácido del que te hablé antes y que tan beneficioso es para mantener el buen ánimo.
- **Naranjas.** Al ser fuente de vitamina C, ayudan a incrementar los niveles de norepinefrina, una sustancia que mejora el humor, la atención y la motivación.
- **Semillas de calabaza.** Importante fuente de potasio, fósforo, zinc y, sobre todo, magnesio, que combate los dolores de cabeza, la ansiedad, la fatiga y el insomnio.
- **Verduras de color verde oscuro.** La col romana, la espinaca y otras verduras de hoja oscura son muy ricas en magnesio.
- **Huevos.** Además de proteínas, los huevos también aportan calcio, hierro, zinc, selenio, fósforo y vitaminas A, D, E y K (en tan solo 80 calorías).
- **Zanahoria y apio.** Morder y masticar una zanahoria o un poco de apio funciona, entre otras cosas, para aliviar el estrés.
- **Linaza.** Su alto contenido en Omega-3 ayuda a reducir la ansiedad, a mejorar la atención y a combatir el insomnio.
- **Granos enteros.** Pueden ser solos (como el arroz, la quinoa o la avena) o incluidos en productos como el pan o la pasta. Aportan carbohidratos muy beneficiosos que ha-

cen que el organismo produzca más serotonina y que los niveles de azúcar se estabilicen.

- **Pimientos rojos, papaya y kiwi.** Estos alimentos tienen en común su aporte en vitamina C (poseen más que las naranjas). Numerosos estudios revelan que la vitamina C reduce las hormonas que causan el estrés y, además, hace que recuperemos la calma más rápidamente. Las moras, el brócoli y las fresas también son muy ricos en vitamina C.
- **Té e infusiones.** Beber té negro te ayudará a combatir el estrés. Pero las infusiones de manzanilla, de tila, etc., son increíblemente buenas para producir relax y bienestar.
- **Avena.** Es un cereal muy completo, ya que contiene proteínas, grasas insaturadas, carbohidratos, vitaminas, minerales y fibra. Es ideal para combatir el cansancio y el estrés, y evita los cambios de humor. Consumirla a diario es ideal para mantener o recuperar la vitalidad.

Es curioso que incluso se han realizado estudios para comprobar la relación que existe entre el color de los alimentos y el estado de ánimo. Por ejemplo, el amarillo eleva el ánimo, el rojo y naranja son estimulantes y el verde te ayuda a concentrarte.

***Ten en cuenta** que también hay alimentos y sustancias que pueden afectar negativamente a tu estado de ánimo. Es el caso de la falta de sueño o del consumo de alcohol y de tabaco. El primero deshidrata el organismo* *y hace que disminuya el flujo sanguíneo al cerebro, con lo que su actividad se ve mermada. La nicotina incrementa el ritmo cardiaco y respiratorio, con lo que aumenta la producción de las hormonas que causan el estrés.*

Además, entre los alimentos perjudiciales para tu estado de ánimo se encuentran los siguientes:

- **Las grasas saturadas,** que engrosan los vasos sanguíneos y bajan los niveles de serotonina.
- **Los alimentos procesados** con alto contenido de azúcares.
- **Café,** cuyo consumo excesivo puede causar trastornos graves en el estado de ánimo, pues produce irritabilidad, problemas estomacales, hace que disminuya el ritmo cardíaco y, además, es un excitante que produce insomnio. Aunque no afecta a todas las personas de la misma manera, sí está comprobado que la cafeína repercute en el buen funcionamiento del sistema nervioso de la mayoría de los consumidores.

HERRAMIENTA 1: ELABORA TU REGISTRO DE ALIMENTOS

Con esta información no quiero decirte que elimines radicalmente estos alimentos perjudiciales, pero sí que valores la influencia de la alimentación en la sensación de desánimo y apatía. Te propongo que lleves un registro de los alimentos que ingieres para saber cuáles son los nutrientes que debes añadir a tu dieta y aumentar así la producción de serotonina y triptófano, sustancias que, ccmo ya te he explicado, te ayudarán a encontrarte mejor.

	ALIMENTOS FRECUENTES EN MI DIETA	*ALIMENTOS QUE VOY A INCORPORAR A MI DIETA*
1		
2		
3		
4		

Además de observar los alimentos que ingerimos y cambiar o modificar aquello que nos daña, es interesante saber cuándo y de qué manera los consumimos. No por comer poco y menos veces nos vamos a sentir mejor. Los nutricionistas nos recomiendan realizar **cinco comidas,** y, tal y como dice el dicho popular: «Desayuna como un rey, almuerza como un príncipe y cena como un mendigo».

HERRAMIENTA 2: COMER Y SENTIR

Pasamos muchas horas fuera de casa y no siempre podemos (o ponemos una excusa) realizar estas cinco comidas. Te resultará familiar lo de llegar por la tarde-noche a casa y comer más y de manera más rápida de lo recomendable. Con ello no conseguimos más que aparezca un mayor malestar físico y emocional porque, queramos o no, también aflora nuestro sentimiento de culpa.

Te recomiendo que hagas un registro de las veces que comes, qué alimentos ingieres y qué sensaciones te producen. De esta manera podrás modificar aquello que te perjudica.

	HORAS EN LAS QUE COMO	*QUÉ COMO*	*QUÉ SENSACIÓN ME PRODUCE*
1			
2			
3			
4			

Descubre el porqué de tu autosabotaje

Cuando empiezas a cuidar la dieta y los alimentos que consumes, posiblemente pienses que tu mayor problema será mantener esta buena costumbre en el tiempo. Es habitual que nos propongamos cuidados y hábitos saludables que muchas veces dejamos de cumplir a los pocos días de haberlos puesto en marcha. Pero no se trata solo de tener una mayor o menor fuerza de voluntad, sino que esta actitud nos está informando de algo más profundo, y tiene un nombre: **AUTOSABOTAJE**.

Autosabotearnos significa realizar acciones que nos llevan a un punto no deseado o no planificado. Sin embargo, en el fondo de este autosabotaje siempre hay una razón que nos empuja a realizarlo, y conseguir identificar qué está pasando nos ayudará a cumplir nuestras metas. Si lo comparamos con un iceberg, lo que ves es la parte de hielo que se encuentra por encima del nivel del mar, pero es debajo del agua donde se encuentra la parte más grande de ese iceberg. Es necesario que bucees y averigües qué está pasando. Qué te lleva a no poder cumplir tus propósitos. Porque lo que estás viendo es un comportamiento que se debe a algo más profundo.

Recuerda que ya trabajamos en un paso anterior los pensamientos y las palabras que utilizamos. Si por casualidad crees que no eres capaz, no lo conseguirás.

Si siempre te etiquetas como una persona poco constante, con poca fuerza de voluntad, seguro que abandonas y te abandonas en tu cuidado.

Para ello te pediré que:

Hagas una lista de manera rápida (no más de 5 minutos) en la que escribas 10 razones que te llevan a no eliminar el comportamiento que te perjudica.

De todas ellas, ¿cuál es la que más te choca?

¿Qué creencia puede haber detrás? (Bien sea sobre ti, sobre mantener un hábito, cuidarte...).

¿Qué beneficios inmediatos obtienes?

¿Cómo puedes satisfacer esa necesidad de manera más beneficiosa?

¿Cómo te beneficiará cuidar tu alimentación?

¿Cómo te sentirás?

Cuando consigas eliminar el autosabotaje e instales en tu vida el hábito del cuidado de tu alimentación:

- Te sentirás mejor.
- Te ayudará a mejorar tu autoestemtima y tu seguridad.
- Te reforzará positivamente.
- Se convertirá en una razón más para ser feliz.

Paso 9

Haz ejercicio y recobra la energía y el buen humor

Si has conseguido generar hábitos de buena alimentación, es decir, si has empezado a cuidarte por dentro, es hora de que des un paso más para mejorar tu salud y tu estado de ánimo.

Y empiezo por preguntarte: ¿eres una persona deportista? Posiblemente te sea difícil definirte como «deportista» por lo que el significado de esta palabra conlleva, así que reformularé la pregunta: ¿llevas una vida sedentaria? Más allá de cuestiones estéticas, vamos a centrarnos ahora en la importancia del ejercicio para mejorar nuestro ánimo y alejarnos de la apatía y la desmotivación.

Yo misma he de reconocer que hasta hace unos pocos años mi vida era sedentaria: de casa al trabajo y del trabajo a casa. La excusa perfecta eran mis largas jornadas laborales y la falta de tiempo después de haber sido madre.

Pero hace siete años comencé a hacer deporte de manera asidua, al principio solo para perder unos kilos tras el nacimiento de mi segunda hija y para mejorar mi tonicidad (inexistente en aquella época). Pronto comencé a valorar las virtudes del ejercicio físico y a disfrutar. Desde entonces es un hábito del que no puedo prescindir.

Tengo la suerte de contar con un entrenador personal, Neftalí Haro, que me conoce muy bien, que sabe perfectamente cómo motivarme y que es duro conmigo cuando hace falta. Al principio, hacíamos ejercicio en casa, aunque a veces realizábamos rutinas al aire libre, pero desde hace un año acudo al centro en el que él trabaja.

Ya no tengo dudas de que el ejercicio no solo ha provocado en mí una evidente mejoría física, sino que, además, influye directamente en mi estado de ánimo. Este último año lo he podido comprobar de una forma especial, ya que he tenido que vivir algunas pérdidas importantes. El deporte me ha ayudado a gestionar el estrés (llevo una vida caótica y llena de actividades), a encontrarme bien físicamente y, sobre todo, a mejorar mi humor y a sentirme mucho mejor anímicamente. Puedo estar enfadada, molesta, triste o desanimada, pero en cuanto me pongo a hacer ejercicio, todo cambia: centro la atención en la actividad física, hablo con mi entrenador y con otros compañeros de fatiga, y siempre salgo del gimnasio con una sensación renovada. Me siento más fuerte para afrontar el día con una actitud positiva y mucho más dinámica.

La ACTIVIDAD FÍSICA aporta beneficios en el estado de ánimo y mejora el autoconcepto. Las personas que siguen un programa de actividad física de manera periódica mejoran su capacidad para pensar con optimismo y enfrentarse a los problemas del día a día, al tiempo que potencian su salud social y su manera de relacionarse.

Está comprobado científicamente que, mientras nos entrenamos, aumenta la concentración de endorfinas, lo que hace que después nos sintamos mucho mejor.

Olvida las excusas: ha llegado el momento de adquirir este hábito. Los resultados los percibirás de inmediato.

Si te parece que eres demasiado mayor, que no tienes tiempo o que no estás hecho para la actividad física, ten en cuenta que te estás poniendo excusas para no hacer lo que debes. El ejercicio no está reñido con la edad, con el tiempo del que dispones ni con el dinero. Es necesario que rompas las etiquetas sobre ti mismo y que dejes de ponerte obstáculos para encontrarte mejor. Recuerda que en todas las ciudades hay parques y calles que pueden ser el gimnasio perfecto.

Algunos consejos

Si nunca has hecho ejercicio, debes seguir las siguientes pautas:

- **Sé constante.** Sin duda, esta es la clave: vale más poco muchas veces que mucho pocas veces.
- **Lleva una progresión** adecuada. Ten en cuenta que no se aprende a correr antes de saber andar. Por tanto, ve de menos a más. No tiene sentido que te des una paliza el primer día y que no te puedas mover en las siguientes sesiones. Un exceso en los primeros días lleva a un abandono prematuro.
- **Planifica los días de ejercicio** y comprométete.
- **Establece unos objetivos alcanzables** y cercanos (por ejemplo, caminar treinta minutos tres días a la semana).

Para saber si estás en tu peso ideal o si te faltan o sobran kilos, es bueno conocer el Índice de Masa Corporal (IMC), para lo cual debes dividir los kilos que pesas por tu altura al cuadrado. Es decir, si pesas 60 kilos y mides 1,65 metros, deberás hacer esta operación:

$$\frac{60}{1,65 \times 1,65} = 22,038$$

RESULTADO IMC	CLASIFICACIÓN
<18,5	Delgadez
18,5 – 24,9	Normal
25 – 29,9	Sobrepeso
30 – 34,9	Obesidad tipo 1
35 – 39,9	Obesidad tipo 2
>40	Obesidad tipo 3 o mórbida

También es importante que conozcas tu frecuencia cardiaca (FR), es decir, los latidos de tu corazón por minuto, ya que te permitirá conocer cuál debe ser la intensidad del ejercicio que estés realizando. Puedes usar un aparato o tomarte el pulso en la muñeca o en el cuello durante quince segundos y multiplicar los latidos por 4.

Otra forma de conocer la intensidad del ejercicio que estés realizando es la llamada «prueba del habla»:

Puedes cantar mientras haces la actividad.	*Intensidad suave.*
Puedes hablar.	*Actividad moderada.*
Puedes hablar con dificultad, solo palabras sueltas.	*Actividad intensa.*
No puedes hablar.	*Actividad muy intensa.*

Nunca te olvides de la RESPIRACIÓN, ya que si la inspiración y la espiración son correctas te ayudarán a reducir la tensión arterial, a acelerar el metabolismo, a oxigenar el organismo y los músculos y, por último, a recuperarte más rápidamente. Ciertas prácticas, como el pilates, te enseñan a respirar adecuadamente.

Sea cual sea la disciplina que elijas, ten en cuenta que siempre hay una serie de pautas que debes respetar:

- **Calentamiento.** Conjunto de ejercicios previos a la actividad que vas a realizar. Su función es preparar al organismo y la mente para conseguir un mayor rendimiento, y reducir las posibilidades de lesión. Comenzarás con varios ejercicios de movilidad de las principales articulaciones junto con unos estiramientos dinámicos:
  - Rotaciones del tobillo en ambos sentidos.
  - Flexión-extensión de rodillas.
  - Pequeñas circunducciones de cadera en ambos sentidos.
  - Círculos con los brazos: adelante y atrás; abriendo y cerrando; arriba y abajo.
  - Flexión lateral de la cabeza a ambos lados para evitar molestias en la zona cervical.

- **Parte principal de la sesión.** Se hacen los ejercicios específicos para lograr el objetivo previsto: una carrera, una caminata, un circuito de ejercicios, etc.
- **Estiramientos finales.** Centrados en los grupos musculares trabajados en la sesión.
  - Isquiotibiales (1)
  - Cuádriceps (2)
  - Gemelos (3)
  - Glúteos (4)
  - Pectorales (5)
  - Espalda (6)
  - Bíceps (7)
  - Tríceps (8)
  - Cuello (9)

Ha llegado el momento de poner manos a la obra. Neftalí, mi entrenador personal, ha preparado varios tipos de tablas de ejercicios que podrás realizar según la experiencia que tengas, la edad y el tiempo del que dispongas. Puedes realizar un plan de ejercicio básico, uno de nivel medio, o bien el de nivel avanzado.

HERRAMIENTA 1: PLAN DE EJERCICIO BÁSICO

Está compuesto de ejercicios cardiovasculares aeróbicos:

- **Camina** a un «ritmo alegre» durante 25-30 minutos, siempre que no exista ningún tipo de lesión articular que te impida hacerlo. Puedes empezar caminando a un ritmo tranquilo y, posteriormente, aumentar la velocidad de manera progresiva.
- Completa el ejercicio aeróbico con **tres ejercicios básicos** con los que trabajarás la fuerza. No es necesario material y los puedes hacer en casa:

1. Sentadillas: a diferentes grados de flexión (teniendo en cuenta si hay lesión, molestias articulares, etc.). Con ellas fortalecemos principalmente los cuádriceps y los glúteos. Haz 3 series de 15 repeticiones. Poco a poco añade alguna serie más.

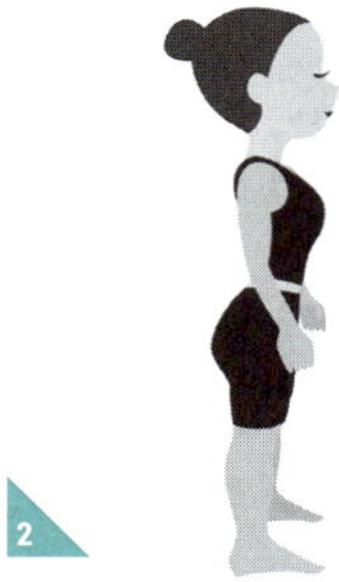

2. Plancha frontal isométrica, con o sin rodillas apoyadas. Con ellas fortalecemos principalmente el recto del abdomen y el oblicuo. De manera secundaria, glúteos, cuádriceps, deltoi-

des y trapecio. Empieza manteniendo la postura 15 segundos y, de manera progresiva, aumenta el tiempo hasta los 45-60 segundos.

3. **Fondos o flexiones de brazos,** con o sin rodillas. En el suelo o sobre alguna superficie elevada (silla o mesa, para reducir la dificultad). Fortalecemos pectorales, deltoides, core y tríceps. Haz 3 series de 8-10 repeticiones. Poco a poco ve sumando repeticiones a cada serie.

Lo aconsejable es que sigas este plan de ejercicio **tres veces a la semana,** intentando dejar un día de descanso entre sesión y sesión (estas no durarán más de 45 minutos). A medida que pase el tiempo, podrás hacerlo cuatro o cinco días a la semana.

HERRAMIENTA 2: PLAN DE EJERCICIO DE NIVEL MEDIO

- **Alterna caminar y correr.** De manera progresiva irás introduciendo pequeños periodos de carrera suave. Camina 4 minutos y corre 1 minuto durante un total de 30 minutos (24 caminando y 6 corriendo). Poco a poco reduce el tiempo caminando y aumenta la carrera hasta que se igualen, o incluso se supere el tiempo de carrera al de caminar.
- Completa este ejercicio aeróbico con los **ejercicios de fuerza del nivel básico,** aumentando una serie más en cada ejercicio y el tiempo de ejecución en las planchas. Además, puedes sumar una plancha isométrica lateral de cada lado.

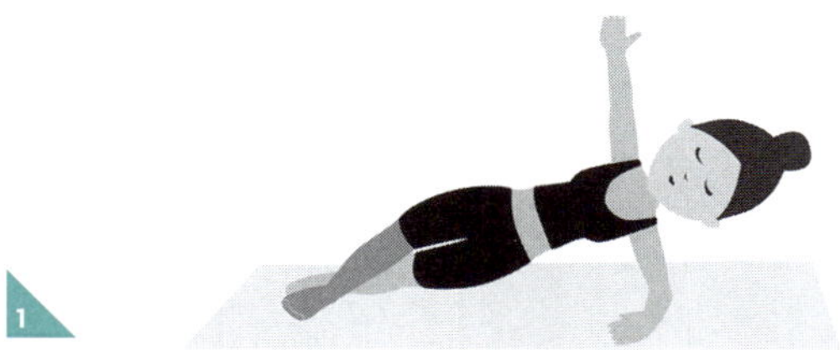

- Realiza este plan de ejercicios **cuatro o cinco días a la semana.**

HERRAMIENTA 3: PLAN DE EJERCICIO DE NIVEL AVANZADO

- **Ejercicio cardiovascular.** Alternas la carrera con pequeños momentos caminando. Estos se irán reduciendo hasta que solamente corras. Comenzarás con 25 minutos de carrera a un ritmo moderado, recuperando el aliento durante 1 minuto, si lo necesitas, para seguir corriendo a continuación. De manera progresiva, irás aumentando el tiempo de carrera hasta llegar a los 45 minutos.
- Completa este ejercicio aeróbico con los **ejercicios de fuerza del nivel básico,** aumentando dos series en cada ejercicio y el tiempo de ejecución en las planchas. Puedes sumar una plancha isométrica lateral de cada lado.
- Realiza este plan de ejercicios **cinco o seis días a la semana**.

En el caso de que tengas alguna lesión o molestia que te impida caminar y/o correr, puedes optar por otro tipo de ejercicio, como bicicleta, elíptica o natación.

- **Bicicleta,** ya sea estática o exterior. Comienza con un tiempo (o distancia) moderado y auméntalo progresivamente. Para evitar la monotonía y mejorar el nivel de tu condición física, alterna periodos de mayor velocidad con periodos de recuperación. La cadencia de pedaleo debe estar entre 85 y 100 pedaladas por minuto.
- **Natación.** Con este deporte se realiza un trabajo cardiovascular muy completo a la vez que se tonifica todo el cuer-

po. Se recomienda especialmente a personas con molestias y dolores de espalda. Es importante adquirir una buena técnica. En algunos casos, se debe evitar nadar a mariposa y a braza.

1. **Nivel básico.** Comienza nadando 10 minutos con algún periodo de descanso intermedio, pero puedes aumentar el tiempo de nado y reducir los descansos hasta completar 40 minutos de nado seguidos. Debes realizarlo tres días a la semana.
2. **Nivel medio.** Nada 25 minutos sin descanso. Alterna días de nado continuo con días de nado con cambios de ritmo. También lo harás tres o cuatro días a la semana.
3. **Nivel avanzado:** nada 40 minutos sin descanso. Alterna días de nado continuo con días de nado con cambios de ritmo. Lo harás cuatro o cinco días a la semana.

- **Elíptica.** Con esta técnica se consigue el mismo efecto que corriendo pero sin impacto, por lo que es ideal para las personas que tienen problemas articulares en el tren inferior (tobillos, rodillas y cadera) y/o espalda. En este tipo de práctica intervienen muchos grupos musculares, ya que une el trabajo de piernas con el del tren superior (tronco y brazos). Puedes hacer la actividad durante más o menos tiempo, según tu estado de forma, y con cambios o no de ritmo.

Busca la actividad que más se adecue a tus necesidades, al tiempo del que dispones y a tus preferencias. El plan ideal es la combinación del mayor número de ejercicios, pues de ese modo romperás la monotonía y la motivación será mayor.

Además, puedes desarrollar **planes específicos,** como los que te explico a continuación:

Plan de tonificación básico y sin material

Realiza los ejercicios de fuerza descritos anteriormente (sentadillas, plancha frontal y fondos).

SENTADILLAS

PLANCHA FRONTAL

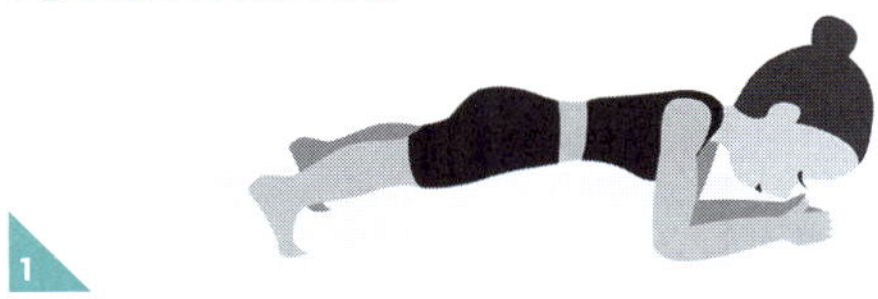

FONDOS

Plan HIIT

Siglas del inglés *High Intensity Interval Training* o entrenamiento de intervalos de alta intensidad. Te permite hacer un ejercicio intenso en un tiempo reducido (un máximo de 30 minutos). Realizarás una gran variedad de ejercicios y trabajarás todo el cuerpo dedicando a cada uno de ellos periodos cortos y con poco tiempo de recuperación. Incrementará tu motivación al romper la monotonía e invertirás muy poco tiempo al día. Puedes realizar esta rutina tres días a la semana siguiendo estas pautas clave:

- Realiza las máximas repeticiones controladas posibles en cada ejercicio durante 30 segundos (siempre cuidando la técnica de ejecución).
- Descansa 15 segundos, tiempo que te servirá para preparar el siguiente ejercicio.
- Realiza 2-3 series del circuito completo.

Para seguir este plan necesitarás unas pequeñas **mancuernas** de peso ligero.

- Elevaciones de hombros con pesas (1)
- Media sentadilla sin peso adicional (2)
- Fondos de brazos (3)
- Zancadas hacia delante (4)
- Aperturas de espalda con pesas (5)
- Abdominales frontales o *crunch* (cuidando de que no haya molestias en la zona lumbar) (6)
- Bíceps (7)
- Abdominales oblicuos (8)
- Tríceps (9)
- Lumbares (10)

1

2

3

4

5

6

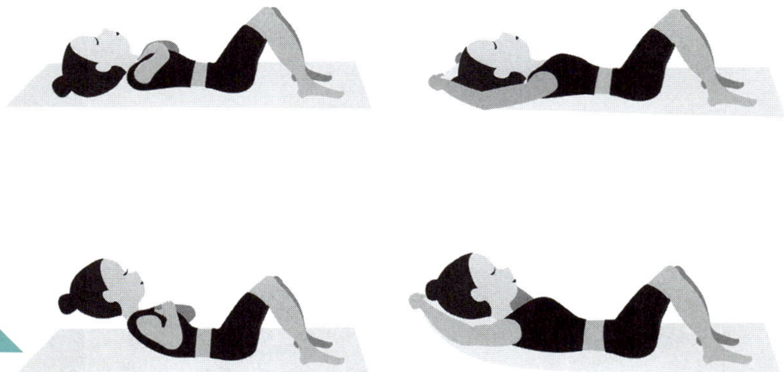

7

8

9

10

Si combinas este plan (tres días a la semana) con dos días de ejercicio cardiovascular (caminar, correr, bici y/o natación), notarás los cambios de forma inmediata.

Plan exprés

Solo 3 minutos al día.
Técnica Burpee. Realiza este ejercicio durante 1 minuto y descansa otro minuto. Hazlo 2 veces.

Plan completo de ejercicios en exterior

Se trata de que combines ejercicios de fuerza con ejercicios cardiovasculares. Puedes modificar los tiempos de caminar o de carrera según tu nivel o tu tiempo disponible. No es necesario material. Tiempo total del ejercicio: 40-45 minutos, aproximadamente.

- Carrera de 8 minutos
- Fondos de brazos en suelo o superficie elevada (respaldo de banco): 15 repeticiones (1)
- Carrera de 3 minutos
- Zancadas hacia delante: 20 repeticiones (2)
- Carrera de 5 minutos
- Fondos de tríceps en banco: 12 repeticiones (3)
- Carrera de 3 minutos
- Saltos a banco: 10 repeticiones (4)
- Carrera de 5 minutos
- Zancada lateral: 12 repeticiones (5)
- Carrera de 10 minutos

1

2

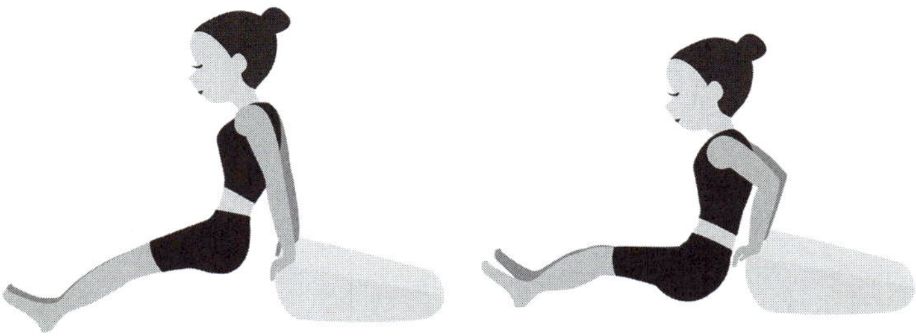

3

4

5

Elige la disciplina que mejor se adapte a tu situación y elabora un plan de acción. Si eres capaz de seguirlo durante 33 días, el hábito comenzará a asentarse y ya no podrás prescindir de él.

HERRAMIENTA 4: ORGANIZA TU TIEMPO

Así que ¡manos a la obra! Coge tu agenda y decide qué días y horas son las más adecuadas para realizar tu actividad física. Ya has visto que no tienes que dedicar mucho tiempo a hacer ejercicio. Lo importante es que seas constante.

LUNES	MARTES	MIÉRCOLES	JUEVES	VIERNES	SÁBADO	DOMINGO

Sé realista con tus objetivos y cúmplelos. En poco tiempo verás que no puedes dejar de hacer ejercicio, pues notarás los beneficios física y mentalmente. Te sentirás más motivado y reforzado, y estarás mucho más preparado para afrontar tu día a día.

Paso 10

Cambia tu apariencia y rodéate de colores que te animen

Si te ves mejor te sentirás mejor

Antes de meternos de lleno en este paso, necesito que contestes estas preguntas:

CUANDO TE SIENTES TRISTE, ¿QUÉ ROPA SUELES USAR?

¿QUÉ COLORES SON LOS MÁS HABITUALES EN TU ESTILISMO?

¿TE MAQUILLAS/AFEITAS?

¿CUIDAS TU CUERPO?

¿VAS DE COMPRAS?

¿VAS A LA PELUQUERÍA?

Si te invade la tristeza, seguramente tus respuestas han sido negativas o pesimistas: no te maquillas —ni te afeitas— tanto como deberías; no te gusta ir de compras porque nada te gusta y te parece que ninguna prenda te sienta bien; apenas vas a la peluquería y diría que los colores que usas para vestirte son oscuros y no ayudan nada a levantar el ánimo. Más adelante te hablaré de la relación que existe entre los colores y las emociones, con el significado de los primeros y su efecto en el estado de ánimo.

No pienses que las preguntas anteriores caen en el terreno de la frivolidad; de hecho, como en el paso anterior, estamos hablando de **la relación que existe entre nuestro interior y nuestro exterior.** Es una pescadilla que se muerde la cola: si estás triste, no te preocupas de ti mismo; por las mañanas, al levantarte, te sitúas frente al espejo y te ves horroroso, lo que te conducirá a sentirte aún más apático. Necesitas obligarte a verte más optimista para obtener la energía que necesitas en este momento, y para ello debes **CUIDAR TU ASPECTO.**

Te propongo que sigas los siguientes consejos y que los conviertas en hábitos:

Por la mañana y por la noche, limpia e hidrata tu piel. Este consejo sirve tanto si eres mujer como si eres hombre. Comienza a romper prejuicios: no solo las mujeres tienen piel.
Elimina de tu armario lo que no te favorezca o no te guste.
Arréglate todos los días, aunque no vayas a salir de casa. Puedes ir cómoda, pero elimina todas esas prendas «de estar en casa» que hacen que te veas tan descuidada.

Viste con prendas que te favorezcan y comienza a poner algo de color a tu vida. Si eres mujer, ten en cuenta que las prendas oscuras las puedes llevar siempre y cuando utilices un accesorio de color.

Si eres mujer, te aconsejo que te maquilles todos los días (un poco de rímel y colorete). Si eres hombre, aféitate a diario.

Ve a la peluquería con asiduidad. También te aconsejo que te des un masaje de vez en cuando y/o te hagas un tratamiento de piel.

Seguro que recuerdas a Carmen (Paso 6), la mujer que llevaba tanto tiempo metida en casa y que había olvidado lo que significaba cuidarse y ocuparse de sí misma. Poco a poco fue tomando conciencia de su situación hasta que recuperó las ganas de vivir. Supo que había llegado el momento de cuidarse. Comenzó mejorando el aspecto de su hogar, pero también le dedicó tiempo a cuidar su apariencia exterior: manicura, peluquería, higiene bucal...

Sus recursos no le permitían grandes tratamientos de belleza, ni siquiera podía ir todos los meses a la peluquería, pero aprendió a cuidarse en función de sus posibilidades. Pese a que nunca se había preocupado de su piel, Carmen se acostumbró a limpiarla diariamente, y, una vez a la semana, en su propia casa, se hacía pequeños tratamientos que la hacían sentirse mejor. También perdió algo de peso, con lo que recuperó la ilusión por su imagen. Todas las mañanas se arreglaba y se pintaba un poco. Comenzó a utilizar colores favorecedores y dijo adiós a la ropa oscura que la envejecía.

Adquiere nuevos hábitos que te ayuden a verte y a sentirte mejor. Si al mirarte en el espejo ves a una persona que se mima y se gusta, seguro que tu estado de ánimo mejorará.

Tan importante como el alimento del exterior es el de tu interior.

Los colores dicen mucho de nuestro estado emocional

Los colores están ligados a nuestras emociones; pueden ayudarnos a tranquilizarnos si estamos estresados o a animarnos cuando estamos tristes. Cada color tiene su significado para el subconsciente, así como sus valores y virtudes, siempre teniendo en cuenta su relación con la cultura en la que vivimos. Por ejemplo, en nuestro país el color negro es el color del luto, mientras que en otros lugares el blanco es el color elegido para despedirse de los seres queridos.

Los expertos en psicología del color señalan que cuando estamos inmersos en un episodio de estrés o de tristeza, el simple hecho de vestirnos con ropa colorida o de pintar las

paredes de un color distinto puede ayudarnos a salir del estado de desánimo en el que nos encontramos, pues en nuestro subconsciente asociamos ese color con una serie de valores o virtudes.

Asimismo, la apatía y el mal humor también influyen en la percepción de los colores. Son muchos los estudios que lo demuestran. Por ejemplo, en un artículo aparecido en la revista *Psychological Science* se narra el experimento realizado con 127 participantes a los que dividieron en tres grupos para ver una película. Un grupo vio una comedia, otro una película dramática con final lacrimógeno y el tercero se limitó a observar a los otros dos. Tras la proyección se les enseñaron 48 muestras de colores consecutivas y se les pidió a los participantes que indicaran a qué color principal pertenecían (rojo, amarillo, verde y azul). Las personas que vieron la película dramática fueron menos precisas en la identificación de colores del ámbito azul-amarillo.

Recientemente, se está poniendo en práctica una terapia relacionada con el color y el uso que podemos hacer de él. Hablamos de la **CROMOTERAPIA,** que es una técnica natural, aplicable a cualquier persona, cuyos efectos pueden percibirse a partir de los quince días de tratamiento. Esta terapia parte de los estudios realizados por el doctor Dinshah Ghadiali, que publicó en 1933 una enciclopedia (de tres tomos) sobre los tratamientos mediante combinaciones de color para 316 enfermedades. Pero el uso de esta técnica ha ido mucho más allá y actualmente se aplica en multitud de ámbitos, como en la decoración, donde muchos expertos utilizan los colores para favorecer determinados estados de ánimo.

Existen referencias al uso del color con fines terapéuticos en prácticamente todas las culturas. En Mesopotamia, las enfermedades eran tratadas con hierbas, regímenes, masajes y colores. En Persia y Egipto había cultos a la luz y a los colores. Pero fue en la China imperial donde comenzaron a usar el color con fines terapéuticos y medicinales. En Occidente, sin embargo, hasta el siglo XIX no se mostró demasiado interés por investigar las capacidades curativas del color.

Pero dejando a un lado el uso terapéutico del color, para lo cual necesitaríamos a un profesional de la cromoterapia, te propongo que conozcas el efecto que pueden tener los colores en tu estado de ánimo. Como ya te he dicho, cada color tiene un significado y a la persona que lo percibe le aporta una emoción.

ROJO	Es vital, terrenal, guerrero. Indica pasión y sexualidad. Ejerce una influencia poderosa y positiva sobre el estado de ánimo. Es bueno su uso cuando tienes miedo, aunque también puede cansar porque acelera el pulso y el riego sanguíneo.
NARANJA	Se asocia con la elocuencia y la alegría. Aumenta el optimismo, la seguridad y la confianza en uno mismo, permitiendo también el equilibrio emocional. Es ideal cuando

tenemos problemas de autoestima. Se recomienda su uso cuando eres tímido e inseguro.

VERDE Simboliza la esperanza y la estabilidad, así como el equilibrio y la serenidad, de ahí que se use tanto en las aulas escolares y en los centros hospitalarios. Es ideal para combatir el insomnio y los estados de irritabilidad nerviosa. Ayuda a disminuir la presión sanguínea y el ritmo cardiaco.

VIOLETA Se asocia a la intuición y la espiritualidad. Combate la angustia, las fobias y el miedo. Se recomienda no usarlo cuando se pasa por malas épocas, porque podría conducir al victimismo y a la autocompasión.

NEGRO Se asocia a características negativas, como el dolor, la desesperanza, la tristeza, la infelicidad, etc.

AMARILLO Se relaciona con la inteligencia y la rapidez mental. En su lado negativo simboliza la envidia, la destrucción por celos y la traición.

AZUL Si eres una persona tímida o introvertida, o estás pasando por una época de inseguridad, te aconsejo que no te vistas de azul. Promueve la tristeza y la melancolía, pero también produce calma y paz de espíritu. Por eso sí es muy recomendable para personas muy alteradas y nerviosas.

GRIS Se suele pensar que es un color neutro porque está conectado con el equilibrio y el orden. Expresa elegancia y respeto, pero también puede denotar aburrimiento y vejez.

En el Paso 6 («Redecora tu vida») te expuse el caso de Carmen, quien optó por pintar sus paredes de colores vivos y alegres cuando comenzó a sentirse un poquito mejor. Adoptó nuevos hábitos saludables, como caminar todos los días o salir a comer con sus amigas, y también comenzó a cuidarse externamente: se deshizo de su ropa vieja, siempre de colores oscuros, y comenzó a arreglarse más. Todo ello produjo en ella una enorme transformación y le permitió dejar atrás el camino de la tristeza para adentrarse en el del optimismo y la ilusión.

Ahora te toca a ti transformar el color de tu vida. Habitualmente, cuando nos encontramos en épocas de decaimiento, tendemos a vestirnos y a rodearnos de colores oscuros y sin vida. Si quieres subir el ánimo, es fundamental que te vistas con colores alegres, que los elijas también para los complementos o cuando decidas redecorar tu casa o tu despacho.

En primer lugar, observa qué colores usas habitualmente y, poco a poco, ve equilibrando y compensando unos con otros. Todos los días, cuando te vistas, te maquilles o elijas un complemento, elige un color alegre. Si eres mujer, ten en cuenta que un lápiz de labios fucsia o rojo puede ayudarte a sentirte más segura.

Cambia también los colores de tu casa o de tu lugar de trabajo. Sal de la oscuridad en la que vivías (física y emocional) y llena tu espacio de luz, de vida y de ilusión.

Paso 11

Reencuéntrate con los aromas

«EL OLFATO ES UN PODEROSO MAGO QUE TE TRANSPORTA A TRAVÉS DE MILES DE KILÓMETROS Y A TRAVÉS DE LOS AÑOS QUE HAS VIVIDO».

HELEN KELLER

Calatayud (Zaragoza). 20:30 horas de la tarde. Es sábado. Mientras mi hermana Queca y yo subimos corriendo las escaleras, ya presentimos lo que nos espera. Llamamos al timbre y ahí aparece ella. Su pelo blanco, su falda gris, un delantal que cubre su camisa y una enorme sonrisa. Es abrir esa puerta y captar el olor que llega desde el fondo de la casa. Le damos un beso y vamos corriendo hasta la cocina. «¡Qué bien huele, yaya!» «¿Cenamos ya?» Ese olor es de su maravillosa tortilla de patatas, hecha a fuego lento en una de esas sartenes de la época, de hierro, envejecidas por el butano. El mejor manjar que existía. «Para que una tortilla esté buena, tiene que oler como la que hacía mi abuela», he dicho en multitud de ocasiones.

Ese olor representa para mí algo más que una simple comida; significa niñez, ilusión, familia, amor incondicional... Me recuerda la relación tan especial que manteníamos mi abuela y yo, me conduce hasta los cuentos que me contaba por las noches mientras me pedía que estirara las piernas en la cama y yo observaba a la virgen de Fátima, que se iluminaba en la oscuridad. Ese olor me lleva a mis orígenes, a lo que soy.

Captamos nuestro exterior con los cinco sentidos: vista, oído, gusto, tacto y olfato. Las personas somos capaces de recordar el 5 % de lo que vemos, el 2 % de lo que oímos, el 1 % de lo que tocamos y el 35 % de lo que olemos.

<u>El OLFATO</u> es el único sentido que viaja directamente a nuestro cerebro, en concreto a nuestro SISTEMA LÍMBICO, que es donde se encuentran alojadas nuestras emociones. Por eso la conexión entre lo que percibimos (un aroma) y el cerebro es inmediata y sin filtros.

La relación entre los aromas, la memoria y las emociones se basa en la conexión del olfato con la **amígdala**, que es la responsable del procesamiento y almacenamiento de las reacciones emocionales, y con el **hipocampo**, del que depende en gran medida la capacidad para retener y evocar.

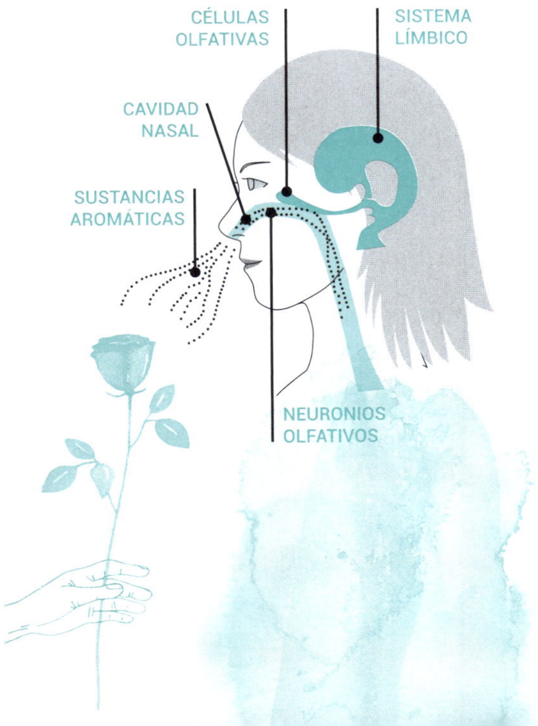

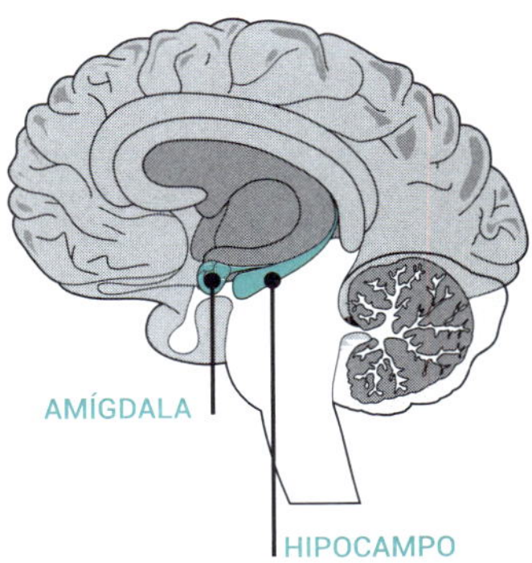

Pero también influyen los aspectos culturales. Por ejemplo, el olor a fresa y a cacao se valoran muy positivamente en numerosas partes del mundo, y, por lo general, los olores que consideramos agradables se corresponden con los que han marcado nuestra infancia. Esos aromas permanecen en algún lugar del cerebro, a la espera de volver a aparecer, y es por eso por lo que, súbitamente, un olor nos trae a la memoria emociones del pasado.

En la mayoría de las ocasiones, esos recuerdos son positivos, aunque no siempre. Dependerá de las experiencias vividas; valoraremos el olor a hierba mojada, a madera, a alcanfor, un perfume determinado, la gasolina, la colonia de bebé, etc. Seguro que alguna vez has recuperado una emoción del pasado (tristeza, alegría, ternura) al percibir el olor de una persona en la calle.

En mi caso concreto, el olor a hierba y a pinos mojados tras la lluvia me recuerda los veranos de mi infancia. Después de 38 años, sigo veraneando en el mismo lugar: un pueblo de montaña con olores y colores muy intensos. Después de una de esas típicas tormentas de verano, recupero el olor a libertad de mi infancia y mi juventud; es el olor de la alegría, de la risa, de esos sentimientos y emociones propios de la adolescencia.

Lógicamente, tu caso será distinto, pues **cada persona guarda en su memoria su propia referencia de aromas.**

<u>Según los expertos,</u> el olfato es el sentido más emocional y más complejo debido a la cantidad de respuestas que los olores producen. Por tanto, podemos utilizar los aromas para obtener las emociones y las sensacio-

nes que necesitamos para sentirnos bien en un determinado momento.

En el siglo VIII, el filósofo chino Wang Wei afirmó: «Busca en el perfume de las flores y de la naturaleza la paz interior y la dicha de vivir». Se ha descubierto que los antiguos egipcios utilizaban una fórmula especial de perfume, el Kyphi, para aliviar la ansiedad, evitar pesadillas y sanar el espíritu.

Los aromas y el estado de ánimo

La **AROMACOLOGÍA**, término creado en 1986 por el Fondo de Investigación del Olfato, es la ciencia que estudia los efectos que los olores tienen en el ser humano, en su conducta y en su mente. Además, estudia cómo podemos utilizar los olores para crear ambientes y sentirnos mejor:

- **Los aceites esenciales florales,** como el Absoluto de rosa, o rosa otto, son vigorizantes.
- **Los olores a cítricos,** como el pomelo, son frescos y combaten la depresión.
- **El aroma a madera,** como el sándalo australiano, es calmante.
- **El aceite esencial de lavanda** vaporizado tiene efectos relajantes sobre la mente y ayuda a conciliar el sueño.

En el camino que estás siguiendo con este libro, en el que tanta importancia tiene trabajar tu interior como tu exterior, los aromas ocupan un lugar destacado cuando se trata de levantar el ánimo y huir de la tristeza.

- ¿*Qué aromas te producen emociones positivas?*
- ¿*Qué aromas te recuerdan momentos en los que fuiste feliz?*
- ¿*Cómo son esos recuerdos?*

HERRAMIENTA 1: IDENTIFICANDO AROMAS

Te aconsejo que hagas una lista con los aromas que te resultan más positivos, esos que te aportan energía y que te gusta percibir en todo momento. Si lo deseas, recuerda los instantes más felices de tu vida e intenta recuperar los aromas que identificas con el pasado.

MIS MOMENTOS MÁS FELICES	*AROMAS QUE IDENTIFICO CON ESOS MOMENTOS*	*EMOCIONES QUE ME EVOCAN*

A continuación, decide cómo y dónde utilizar esos aromas para mejorar tu estado de ánimo: tu perfume diario, el ambientador de tu hogar, velas perfumadas en tu despacho.

Hay miles de olores que puedes utilizar, pues, como dije al principio, todos están conectados con ciertos aspectos culturales que nos afectan. Se cree que existen siete tipos de células olfatorias y que cada una de ellas solo puede retener un determinado tipo de moléculas. A partir de esta hipótesis se ha elaborado una clasificación con siete aromas primarios:

- **Etéreo:** olor a fluidos de limpieza en seco.
- **Alcanforado:** olor a naftalina.
- **Almizclado:** olor a almizcle.
- **Floral:** olor a flores.
- **Mentolado:** olor a menta.
- **Picante.**
- **Pútrido:** olor a podrido.

Actualmente, es tal la importancia que se le da al poder curativo de los aromas que han surgido diversas terapias alternativas basadas en sus beneficios. La más conocida es la **AROMATERAPIA,** que el *Diccionario* de la RAE define como la «utilización médica de los aceites esenciales». Estos son químicamente muy complejos, ya que pueden contener entre cincuenta y quinientas sustancias químicas diferentes. Poseen un gran número de propiedades medicinales, como dilatar o constreñir los vasos sanguíneos, servir como sedantes o estimulantes, actuar sobre la tiroides, los ovarios o en el proceso de la digestión.

Pero según sea tu estado de ánimo, te recomiendo que uses los siguientes aceites esenciales:

- **Relajantes:** amaro, ciprés, clavel, enebro, gálbano, ylang-ylang, cedro, mandarina, manzanilla, mejorana, mirra, nerolí, rosa, sándalo y vetiver.

- **Equilibradores:** albahaca, bergamota, geranio, incienso y lavanda.
- **Estimulantes:** angélica, canela, cardamomo, clavo, elemán, eucalipto, hinojo, jengibre, lima, menta, naranja, palmarosa, *petit grain,* pimienta negra, pino, pomelo y romero.
- **Antidepresivos:** albahaca, amaro, bergamota, clavel, geranio, ylang-ylang, incienso, jazmín, lavanda, lima, limón, mandarina, manzanilla, naranja, nerolí, pachuli, palmarosa, *petit grain,* pomelo, rosa y sándalo.
- **Afrodisíacos:** amaro, angélica, canela, cardamomo, cilantro, clavel, clavo, gálbano, ylang-ylang, jazmín, jengibre, madera de cedro, nerolí, pachuli, romero, rosa, sándalo y vetiver.
- **Estimulantes mentales:** albahaca, cardamomo, cilantro, eucalipto, menta, pino y romero.

También se han demostrado sus efectos beneficiosos en el ambiente laboral. Así, se recomienda utilizar:

- **Acetites esenciales de limón y menta** al comienzo y finalización de la jornada laboral, ya que son apropiados para la activación mental y la concentración.
- **Aceites de lavanda y bergamota** para disminuir el estrés y la tensión.
- **Aceites esenciales de eucalipto y romero**, por su carácter antiséptico.

No olvides que la **AROMATERAPIA** *debe estar siempre guiada por un profesional que conozca bien tu situación personal y sepa cómo usar y aplicar los aceites esenciales para conseguir los máximos beneficios en tu estado de ánimo.*

Paso 12

Practica el perdón y la gratitud

«LO QUE SE RESISTE PERSISTE,
Y LO QUE SE ACEPTA SE TRANSFORMA».

CARL GUSTAV JUNG

El poder del perdón

En efecto, aceptar y perdonar permite transformar. Entre los 18 pasos que te propongo que des para eliminar la tristeza de tu vida, hay uno fundamental para que puedas recuperarte y avanzar hacia el futuro. Me estoy refiriendo al **PERDÓN**. Tan importante es perdonarte a ti mismo como a aquellos que te lastimaron y provocaron la situación de la que ahora quieres salir. De lo contrario, el rencor y la ira te impedirán continuar.

Rosa tenía treinta y nueve años cuando la conocí. Se encontraba en una espiral de tristeza y dolor a causa de una traición cometida por su pareja. Se sentía como una olla a presión y apenas era capaz de completar una frase sin derramar lágrimas. El dolor que la invadía era intensísimo, y, además, iba acompañado de rabia e impotencia. Cuando se encontraba con familiares y amigos, intentaba disimular su estado para evitar que se sintieran impotentes al no poder ayudarla.

Tras aquella traición, sus valores sobre la familia y la pareja se habían desmoronado. No comprendía qué había sucedido y en su interior se sentía culpable por haberle dedicado demasiada atención a sus hijos, lo que, según ella, había supuesto que su marido se sintiera abandonado. También se sentía decepcionada y engañada. Su marido viajaba mucho por trabajo y era ella la que se encargaba del cuidado de los hijos, al tiempo que mantenía su propio trabajo. Rosa no lograba comprender cómo él, en lugar de apoyarla, había optado por engañarla de esa manera.

Por las mañanas, hacía un enorme esfuerzo por levantarse de la cama y disimular delante de sus hijos. Se estaba planteando romper su matrimonio, pero, al mismo tiempo, se daba cuenta de que seguía sintiendo un profundo amor por su marido, con el que llevaba casada casi dos décadas. Él se había disculpado y había reconocido su error, pero a Rosa no le bastaba. Acudieron a terapia de pareja y hablaron con un profesional para encontrar la forma de recuperar su vida anterior y salvar su matrimonio. Fueron muchas las horas de conversación entre los dos, muchos planes e intentos por querer retomar su vida anterior, pero no resultaba fácil para ninguno. Ella deseaba luchar y dejar atrás ese triste episodio, pero no sabía cómo hacerlo.

Cuando Rosa vino a verme y me contó cómo se sentía, le hice dos preguntas: «¿Le has perdonado? ¿Te has perdonado a ti misma?». Respondió que su amor por su marido era más grande que su dolor, pero que, en efecto, aún no le había perdonado. Estaba claro que Rosa necesitaba recuperar la confianza en sí misma para volver a sentirse libre y, aunque era consciente de que el camino sería difícil, darle una nueva oportunidad a su matrimonio.

> ***Perdonar*** ***es uno lo de los ejercicios más liberadores que existen, pues te permite alcanzar el equilibrio y la paz interior. Debes perdonar a quien —o a quienes— te haya hecho sentir mal. No puedes cambiar el pasado, pero si no perdonas, el pasado estará presente todos los días de tu vida. Recuerda siempre que perdonar es un acto de valentía y sabiduría.***

Rosa sabía que su actitud y su malestar influían en su entorno y, sobre todo, en sus hijos. Por mucho que quisiera aparentar y disimular, ya no era la misma mujer que disfrutaba con las pequeñas cosas. Sentía que su marido le había roto el corazón, pero en lo más profundo de sí misma sabía que debía reponerse y que para ello era necesario aprender a perdonar.

Esto es lo que hizo la escritora Louise L. Hay (Los Ángeles, 1926), que se ha convertido en una de las figuras más representativas del denominado «Nuevo Pensamiento». Louise sufrió abusos desde niña, entregó un hijo en adopción, fue abandonada por su marido y tuvo que enfrentarse a un terrible cáncer que, como ella misma reconocía, no era más que el resultado de la rabia que la invadía desde la infancia. Pero Louise aprendió a perdonar y a quererse para eliminar las emociones que tanto daño le hacían. En 1984 publicó *Usted puede sanar su vida*, que inmediatamente se convirtió en un *best-seller*.

Te propongo que lo leas y que veas los vídeos de Louise en YouTube. Descubrirás lo importante que fue para ella el perdón. También lo puede ser para ti.

HERRAMIENTA 1: APRENDE A PERDONAR

A continuación expongo los pasos clave que debes dar para aprender a perdonar:

1. **Averigua** qué emociones acompañan a tu tristeza. Sé sincero y observa directamente lo que sientes, pues en muchas ocasiones junto a la tristeza se encuentra la **IRA** o la **RABIA**. Si no eres capaz de reconocer lo que sientes, difícilmente podrás encontrar el perdón que necesitas.
2. **Transforma** esa ira en una emoción de la que puedas aprender. Solo así te sentirás libre y podrás seguir avanzando.
3. **Escribe una carta** detallando todo lo que sientes. Describe tus emociones de la forma más clara y sencilla posible.
4. **Coloca la experiencia** dolorosa en el pasado y despídete de ella. Una vez que lo has escrito todo en la carta, quémala o guárdala lejos de ti.
5. **Intenta comprender** qué sucedió para que se produjese esa experiencia. Ponte en el lugar de la persona que te ha hecho daño (eso es la empatía) y haz lo posible por entender su comportamiento.

«Pero, ¿y si no soy capaz de perdonar?», me preguntaba Rosa una y otra vez. Aunque hacía lo posible por retomar su día a día, todo le resultaba falso y no dejaba de revivir la situación y de sentirse traicionada.

Si ese es tu caso, te propongo que te hagas la siguiente pregunta: ¿POR QUÉ NO QUIERES PERDONAR? Quizá sea porque así justificas tu dolor y tu rabia, porque de ese modo te sitúas en el papel de víctima y porque inconscientemente te parece que encuentras un beneficio.

Por eso te pido que te preguntes si el hecho de no poder perdonar te beneficia o te perjudica, de qué te aleja y de quiénes te aleja, qué consigues si no perdonas, y si crees que serías más feliz si lograras perdonar.

Contesta estas preguntas de la tabla siguiente y valora tus respuestas:

¿POR QUÉ NO QUIERES PERDONAR?

¿PARA QUÉ TE SIRVE NO PERDONAR?

ESTA ACTITUD ¿DE QUÉ TE ALEJA?

ESTA ACTITUD ¿DE QUIÉNES TE ALEJA?

¿QUÉ BENEFICIOS TE APORTA NO PERDONAR?

¿QUÉ OTRAS NECESIDADES CUBRE LA FALTA DE PERDÓN?

No será un camino fácil pero te proporcionará la posibilidad de tomar las riendas de tu vida, sentirte segura y, en definitiva, feliz.

El arte de agradecer

Lao Tsé dijo: «El agradecimiento es la memoria del corazón». Y, en efecto, **aprender a dar las gracias** es el siguiente paso que debes dar una vez que has perdonado. Como te dije anteriormente, se trata de transformar la ira o la rabia en otra emoción de la que puedas aprender. Y no lo dudes: de tu tristeza puedes sacar importantes enseñanzas.

Numerosos estudios destacan los efectos positivos que tiene trabajar la gratitud. Se ha comprobado que las personas agradecidas son mucho más felices, ya que conectan más fácilmente con su humildad, lo que les ayuda a valorar positivamente a los demás y a sí mismos. Si eres agradecido, la ira, los miedos y la tristeza disminuirán.

Por ejemplo, en un estudio realizado en la Universidad de Berkeley, California, se descubrió que la gratitud baja la presión arterial y disminuye los síntomas de depresión. Además, el agradecimiento te permite estar en contacto con las cosas positivas que ocurren a diario, lo que te aportará bienestar y felicidad.

En una charla que di sobre la toma de decisiones, expliqué que todos deberíamos estar agradecidos por las decisiones que hemos tomado e, incluso, por lo que en un momento dado nos ocurrió y puso patas arriba nuestra vida. Una chica joven levantó la mano y me preguntó: «¿Se puede aprender de todas las circunstancias?». Mi respuesta fue un rotundo «sí». A lo que ella replicó: «¿Cómo hacerlo cuando fallece un hijo?».

No hay duda de que sobrevivir a un hijo es lo más terrible que te puede suceder, pues no hay consuelo posible ni entendimiento. Tu vida se desmorona y harías lo que fuera por que te hubiese ocurrido a ti. El único consuelo que se les puede ofrecer a unos padres que pasan por una tragedia como esa es escucharles y darles mucho amor. Y aun así, el dolor será insoportable. Pero me mantengo en mi respuesta: **sí,** también del dolor más intenso se puede aprender. Seguro que puedes dar las gracias a las personas que se mantuvieron cerca de ti, pues habrás aprendido quién es verdaderamente importante en tu vida. También podrás descubrir las prioridades y, por supuesto, tu fortaleza. Te conocerás más a ti mismo y tomarás conciencia de muchas cosas importantes que ni siquiera sabías que existían.

Por eso te propongo que incorpores la **GRATITUD** en tu día a día. Quizá, en un primer momento, no encuentres motivos para dar las gracias, pues tu tristeza y tu desánimo te lo impidan. Pero fíjate en las pequeñas cosas, en todas esas maravillas que ocurren a tu alrededor y en las que rara vez reparas. Si das las gracias todos los días, tu actitud cambiará y serás capaz de ver el vaso medio lleno, te convertirás en una persona más optimista y encontrarás nuevas razones para seguir adelante.

HERRAMIENTA 2: ESCRIBE TU DIARIO DE GRATITUD

Para que la gratitud se convierta en hábito tendrás que trabajar este paso desde la razón. Por eso te pido que todos los días, antes de acostarte, dediques entre cinco y quince minutos a escribir tu **DIARIO DE GRATITUD,** en el que apuntarás tres cosas por las que das las gracias. También puedes indicar lo que has aprendido en el día y que te permite dar las gracias.

LUNES	*Hoy estoy agradecida por:*
	1.
	2.
	3.
	Hoy he aprendido:
MARTES	*Hoy estoy agradecida por:*
	1.
	2.
	3.
	Hoy he aprendido:
MIÉRCOLES	*Hoy estoy agradecida por:*
	1.
	2.
	3.
	Hoy he aprendido:

JUEVES	*Hoy estoy agradecida por:*	
	1.	
	2.	
	3.	
	Hoy he aprendido:	
VIERNES	*Hoy estoy agradecida por:*	
	1.	
	2.	
	3.	
	Hoy he aprendido:	
SÁBADO	*Hoy estoy agradecida por:*	
	1.	
	2.	
	3.	
	Hoy he aprendido:	
DOMINGO	*Hoy estoy agradecida por:*	
	1.	
	2.	
	3.	
	Hoy he aprendido:	

Te aseguro que dormirás mucho mejor y tu descanso será más profundo. Recuerda que **el agradecimiento elimina el estrés y la ansiedad.**

También te recomiendo que, una vez a la semana, escribas una carta a alguien a quien desees dar las gracias, o lo hagas dirigiéndote a una situación. Si quieres, envía la carta y espera a ver el efecto que causa en la persona que la reciba.

Querido/a ……………………………………

Quiero agradecerte ……………………………………………………………………

……………………………………………………………………………………………

……………………………………………………………………………………………

……………………………………………………………………………………………

……………………………………………………………………………………………

……………………………………………………………………………………………

……………………………………………………………………………………………

……………………………………………………………………………………………

Y, finalmente, visualiza a la persona —o la situación— a la que estás agradecido. Verbaliza las razones que te hacen darle las gracias y, si es posible, díselo en persona.

Pon en práctica la gratitud y descubrirás cómo tu actitud, tu estado de ánimo y tu manera de ver la realidad se transforman.

Paso 13

Colabora en actos solidarios

Hace unos días iba por la calle con mi hijo de doce años y, como suele ser habitual, nos encontramos con varias personas que todos los días venden pañuelos de papel, te ofrecen limpiar el parabrisas del coche, te dan publicidad, etc. También solemos ver a un chico que, al cruzarse con mi hijo, siempre le dice «¡Choca los cinco!», o alguna otra expresión simpática y cariñosa. Este muchacho es de esas personas a las que probablemente la vida no se lo ha puesto nada fácil, pero ha decidido tener una actitud positiva y transmitir su buen humor y su positivismo a quienes pasan a su lado.

Al cruzarnos con él, y tras saludar a mi hijo, este buscó en el bolsillo un par de monedas y se las dio. Yo miré a mi hijo y vi que su rostro estaba sonriente y un poco sonrojado, quizá por la vergüenza de sentir que muchas miradas se posaban en él. Le pregunté: «¿Te sientes feliz». Y él me respondió: «Sí, mamá. Cómo me gusta poder ayudar a los demás».

<u>En páginas anteriores</u> hemos hablado del perdón y de la gratitud como pasos necesarios para sentirnos felices, pero no nos podemos olvidar de otro acto fundamental: COMPARTIR. Son muchas las personas que han decidido dedicar sus vidas a los más necesitados, compartir sus pertenencias con hombres y mujeres que se han visto rechazados por la sociedad, y que en ese acto de generosidad han encontrado la felicidad que buscaban.

Escribo este capítulo inmersa en pleno espíritu navideño. Apenas quedan dos semanas para que comience la vorágine consumista que caracteriza estas fechas, tan lejos del verdadero significado de la Navidad. Aun así, en esta época seguimos compartiendo y ayudando a los demás mediante las numerosas campañas que se ponen en marcha para echar una mano a los más necesitados. En mi opinión, este espíritu que nos embarga durante la Navidad, y que desaparece por arte de magia el 6 de enero, es el que deberíamos mantener durante todo el año. Estoy segura de que todos nos sentiríamos mucho más felices.

Gracias a mi trabajo he conocido a personas maravillosas. Es el caso de Alba, una mujer de apariencia frágil e insegura con quien hablé en varias ocasiones. Alba estaba dominada por el miedo, que condicionaba toda su vida y la de sus hijos. Curiosamente, su situación económica era más que holgada, viajaba con frecuencia al extranjero, tenía ayuda en casa para cuidar a sus hijos y acudía a menudo a fiestas y eventos donde se reúne la alta sociedad. No tenía problemas de salud y sus hijos habían crecido con grandes valores. Nunca le habían dado ningún problema. Sin embargo, Alba se sentía infeliz y angustiada, y no sabía bien por qué.

En primer lugar, tuvimos que trabajar sus miedos y sus inseguridades y, en efecto, Alba comenzó a sentirse mejor, más libre y segura. Pero la tristeza continuaba anidada en su interior y no lograba desprenderse de ella.

Las relaciones que mantenía con personas ricas y poderosas le habían permitido contactar con algunas asociaciones que se dedicaban a organizar actos benéficos. Al principio, Alba solo acudía a estos eventos por puro compromiso o, simplemente, para cumplir con lo que se esperaba de ella. De hecho, nunca imaginó que colaborar con estas ONG le salvaría la vida.

Alba disponía de tiempo; sus hijos eran mayores y ya no la necesitaban. Así que comenzó a ir varios días a la semana a un hospital madrileño a ayudar a niños enfermos. Asimismo, decidió colaborar en varios comedores sociales y participar en diferentes actos recaudatorios benéficos.

Llegó un momento en que Alba se descubrió a sí misma deseando que llegara el día de ir a visitar a los niños enfermos al hospital, o ansiosa por ir a ayudar al comedor social. Nunca faltaba a sus citas. Compartir y ayudar a los demás le estaban ayudando a salir del pozo negro de la tristeza en el que había vivido durante tantos años. Alba se estaba olvidando de sus miedos y comenzaba a sentirse verdaderamente realizada.

En los estudios sobre la felicidad siempre se destacan la generosidad y el compartir con los demás como elementos clave para sentirnos realizados. Podemos compartir algo material y/o ayudar económicamente, pero también se puede colaborar ofreciendo nuestra presencia, nuestro trabajo y nuestra escucha.

Nuestras relaciones se basan en dar y recibir. Cuando ayudamos a los demás, no solo estamos dando, sino que estamos recibiendo algo fundamental para encontrar la felicidad: el agradecimiento, una sonrisa, un abrazo. Porque la felicidad no se halla en la riqueza material o económica. Es la calidad de vida emocional la que marca nuestro bienestar.

El altruismo nos aporta unos beneficios incalculables, y está demostrado que las personas que practican el voluntariado se muestran menos estresadas, superan mejor los inconvenientes de su vida cotidiana y tienen una autoestima más alta.

Como ejemplos claros de personas que han dedicado su vida a los demás se encuentran la madre Teresa de Calcuta y el español Vicente Ferrer. Pero, además, a nuestro lado existen multitud de asociaciones dedicadas a ayudar a los demás, como Menudos Corazones, Aladina, Juegaterapia, que están centradas en los cuidados de niños enfermos que necesitan una atención especial.

Y es que, en efecto, si de algo podemos estar orgullosos en nuestro país es de nuestra generosidad. Hace dos años conocí a una mujer maravillosa, Estela Millán, una mujer bella por fuera y por dentro, siempre fiel a su inconfundible sonrisa, que vive por y para los demás. Nuestro encuentro se produjo en una firma de libros en Zaragoza. Desde el primer momento conecté con ella y me di cuenta de que estaba delante de una persona positiva, activa e increíblemente generosa. Dirige una ONG llamada Reiki Para Todos, que se encarga de ayudar a los más necesitados con diferentes actividades en hospitales, comedores sociales y centros penitenciarios. Estela me dio la oportunidad de colaborar con el centro penitenciario de Zuera, donde ella realiza varios talleres de inteligencia emocional para un grupo numeroso de presos. Nunca imaginé lo que me aportarían tanto esta ONG como las personas a las que, gracias a ella, he conocido en el último año. No solo se trata de lo que puedes dar, sino —y esto es mucho más importante y difícil de cuantificar— de lo que recibes de ellos.

> ***Siempre hay una manera de ayudar desinteresadamente a los demás. No es necesario viajar a otros países o formar parte de grandes proyectos de voluntariado (si tienes la posibilidad de hacerlo, seguro que será maravilloso). Basta con que mires a tu alrededor para descubrir lugares y personas que te permitirán practicar el altruismo.***

Seguro que recuerdas cuando te propuse que redecoraras tu vida (Paso 6) y el apartado en el que te aconsejaba que tiraras o dieras aquello que a ti ya no te sirve. Pues bien, ahora lo repito: no solo conseguirás más espacio en tus armarios, sino que, si decides dar a los demás aquellos enseres que tú ya no utilizas, sentirás una gran satisfacción porque sabrás que estás ayudando a otras personas. Esta acción de compartir está al alcance de todos, y por eso te propongo que **tres veces al año** des lo que tú ya no quieres o no necesitas (por medio de alguna asociación sin ánimo de lucro o directamente a personas que conozcas) hasta que se convierta en un hábito.

Asimismo, te recomiendo que colabores en alguna campaña para recaudar fondos. Son muchas las ONG que requieren de tu participación para seguir realizando su labor altruista. Colaborar con ellas, ya sea económicamente o presencialmente, te permitirá poner tu pequeño grano de arena y ayudar a los demás.

HERRAMIENTA 1: ACCIONES SOLIDARIAS

Con un pequeño gesto puedes colaborar y ayudar a muchos que lo necesitan, al tiempo que te ayudas a ti mismo: te sentirás satisfecho, más positivo y realizado, tu autoestima será mayor y, en definitiva, te convertirás en una persona más feliz.

Recuerda:

Tres veces al año	Da aquello que ya no sea útil para ti pero sí pueda serlo para otras personas más necesitadas.
Campañas puntuales	Participa en campañas de ayuda a los demás. Son muchas las que se llevan a cabo a lo largo del año.
ONG o fundaciones	Colabora asiduamente con una ONG o una fundación con la que te sientas especialmente vinculado.

Paso 14

Pon un poco de humor en tu vida

Ya lo dijo Viktor Frankl en *El hombre en busca de sentido:*

> **«EN EL CAMPO DE CONCENTRACIÓN HABÍA SENTIDO DEL HUMOR. Y ES QUE EL HUMOR ES UNA DE LAS ARMAS CON LAS QUE LUCHAMOS PARA SOBREVIVIR».**

El neurólogo y psiquiatra Viktor Frankl nació en Viena en marzo de 1905. De 1942 a 1945 estuvo en varios campos de concentración, donde fue recluido, junto a su mujer y sus padres, por su origen judío. Fue el único de la familia que sobrevivió, y tras aquella terrible experiencia escribió el famoso libro antes mencionado.

Y seguro que recuerdas la película *La vida es bella*, dirigida por Roberto Benigni, en la que el protagonista, a base de humor e imaginación, es capaz de mantener a su hijo con vida en un campo de concentración durante la Segunda Guerra Mundial.

El sentido del humor nos ayuda a mantener la distancia de todos esos elementos que dañan nuestra felicidad.

En el Paso 5 hablamos de lo importante que es sonreír y de los beneficios que aporta la risa. El **sentido del humor,** obviamente, va ligado a la risa, aunque su misma definición va un paso más allá: según el diccionario, el sentido del humor hace referencia al «modo de presentar, enjuiciar o comentar la realidad resaltando el lado cómico, risueño o ridículo de las cosas».

El SENTIDO DEL HUMOR se forja desde la infancia, pero debes saber que también se

puede entrenar. Por tanto, si has sufrido algún revés importante y te parece que has perdido tu sentido del humor, te recomiendo que sigas leyendo, porque con un poco de empeño podrás volver a adquirirlo.

La tristeza produce frustración, dolor, parálisis y apatía en tu día a día. También merma tus relaciones con los demás y oscurece la relación contigo mismo. Tu carácter ha cambiado y posiblemente ya no te consideras el mismo que antes. Pero poco a poco vas recuperando tu ilusión y las ganas de seguir adelante, por lo que ahora te pido que contestes a estas dos preguntas:

¿QUÉ ELEMENTOS QUIERES QUE PRIMEN A PARTIR DE AHORA EN TU VIDA?

¿QUÉ ELEMENTOS QUIERES ELIMINAR?

Apuesto a que uno de esos elementos que deseas fomentar es el sentido del humor. Recuerda que no solo se trata de aprender a reírse, sino de mirar la vida desde otra perspectiva.

Ahora te propongo que te hagas estas otras dos preguntas:

- ☐ *¿Eres una persona con sentido del humor?*
- ☐ *¿Eres una persona que se enfada cuando las circunstancias son adversas y no es capaz de ver la realidad desde el lado positivo?*

El principal beneficio del sentido del humor es que nos alegra la vida. Y también la alarga. Está demostrado que las personas que son capaces de ver los malos momentos desde el lado jocoso los toleran más. Pero, para poder hacerlo, debes comenzar a **REÍRTE DE TI MISMO**, *pues, de lo contrario, difícilmente podrás reírte de otros y de las circunstancias. Si te ríes de ti mismo, además, mejorarás tu autoconcepto y tu autoestima, valores que te ayudarán a ser positivo el resto de tu vida.*

HERRAMIENTA 1: MIRA MÁS ALLÁ DE LO QUE VES

¿QUÉ VES CUANDO TE MIRAS AL ESPEJO?

¿CUÁLES SON TUS VIRTUDES? ¿Y TUS DEFECTOS?

¿CÓMO REACCIONAS ANTE TUS DEFECTOS?

Es fundamental que aceptes y quieras lo que tienes delante. Hasta tus defectos los puedes observar desde el humor y no desde el complejo. Ten en cuenta que no depende tanto de lo que digan los demás como de lo que te dices tú mismo.

Tengo un primo con un increíble sentido del humor. Es un verdadero *showman* que, además, trabaja ayudando a los demás a ser más felices. Su actitud ante la vida es siempre positiva; se quiere tal y como es y, aunque es una persona que se cuida y potencia sus virtudes, acepta con buen humor sus debilidades. Por ejemplo, si alguien hace alusión a su calvicie, él siempre responde: «No soy calvo; se me ha caído el pelo de pensar tanto». Como habrás visto, **ES UNA CUESTIÓN DE ACTITUD.**

HERRAMIENTA 2: ENUMERA Y DESCRIBE TUS COMPLEJOS

Pueden ser físicos, intelectuales, emocionales... **¡Aprende a darles la vuelta!**

Por ejemplo, en el espejo ves a una persona bajita y, en lugar de acomplejarte, piensas: «Como decía el padre de mi amiga Eloísa, "las buenas fragancias se venden en frascos pequeños"».

En mi caso concreto, he de reconocer que mis continuos despistes me sacan de quicio, pero, en lugar de enfadarme, los puedo mirar desde el sentido del humor: «Ya estoy haciendo *cristinadas*», me digo cuando meto la pata o me olvido de algo.

Si eres una persona tímida, y continuamente te lo recuerdan, lo mejor es que, en lugar de sentirte cada vez más insegura, repliques, por ejemplo, «soy una persona muy reflexiva».

De modo que:

MIS DEBILIDADES	*LAS TRANSFORMO EN*

Hace dieciséis años, recién casada, fui a hacer la compra con mi marido a un gran centro comercial. Estaba agachada intentando coger una caja de tetrabriks de leche cuando a una señora mayor se le cayó uno con tan mala suerte que explotó delante de mí. La escena era un verdadero cuadro y no puedo parar de reír cuando la recuerdo: yo enterita, con mi abrigo y mi elegante traje, manchada de leche de la cabeza a los pies. Por aquel entonces, mi sentido del humor andaba bajo mínimos y reaccioné como una loca. La pobre señora me pedía disculpas una y otra vez, y mi marido, que se ríe de sí mismo con mucha frecuencia, intentaba calmarme haciéndome ver que no había sido para tanto y que, en realidad, la escena era muy divertida. De hecho, él se reía a carcajadas.

Lo cierto es que, al recordar la situación, me río y me avergüenzo de mi reacción. Probablemente, si me sucediera lo mismo ahora, le diría a la pobre señora algo así como: «No se preocupe, la leche tiene vitaminas para la piel, así que me acabo de ahorrar un tratamiento de belleza».

HERRAMIENTA 3: ENTRENA TU SENTIDO DEL HUMOR

Por eso te propongo que comiences a poner en práctica tu sentido del humor. Imagina una situación molesta que, por lo general, te enfada o te hace sentir ridículo y dale la vuelta:

- ☐ *Para y piensa durante cinco minutos en lo que ha pasado.*
- ☐ *¿Qué puede ser lo más grave que puede ocurrirte?*
- ☐ *Piensa qué diría una persona con sentido del humor en una situación semejante.*
- ☐ *Transforma la situación en algo gracioso de lo que puedas aprender, pues estarás incorporando nuevas habilidades.*

HERRAMIENTA 4: JUEGA A LAS PERSPECTIVAS

Se trata de mirar un mismo problema o situación desde distintos puntos y sacar conclusiones diferentes.

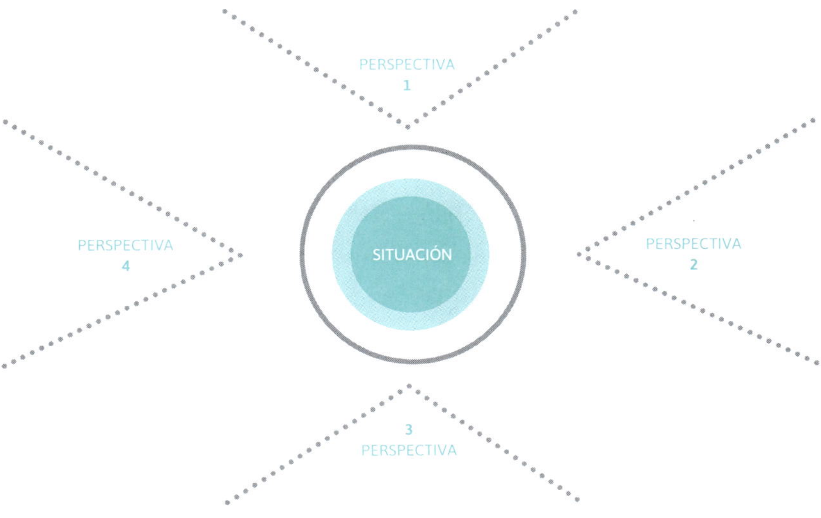

- ☐ *Si miras la situación desde la perspectiva 1, ¿qué ves? ¿Adónde te lleva?*
- ☐ *¿Qué te ofrece la perspectiva 2?*
- ☐ *¿Cómo lo ves desde la perspectiva 3?*
- ☐ *¿Y desde la perspectiva 4?*
- ☐ *¿Desde cuál funciona más y mejor el sentido del humor? ¿Qué te aporta?*

HERRAMIENTA 5: CREA NUEVOS HÁBITOS QUE TE AYUDEN A GENERAR SENTIDO DEL HUMOR

- En tu tiempo de ocio, busca espectáculos, películas o libros que te ayuden a reír, a desconectar y a ver la realidad desde el absurdo y el humor.

- Rodéate de personas que tengan un buen sentido del humor. No solo te harán la vida más amable, sino que, además, podrás aprender de ellos.
- Haz tu selección de **MÚSICA DE HUMOR.** Las canciones pueden entristecernos o llevarnos a la melancolía, pero también nos transmiten momentos felices y positivos. Escucha esa música siempre que puedas. Cualquier momento es bueno.
- Despréndete de esos corsés que te hacen ver la vida desde la rigidez. Da igual quién seas y a qué te dediques: descubre que tú también tienes la capacidad de hacer el payaso —en el mejor sentido de la palabra—, ponte a bailar con tus hijos en casa, arrástrate por el suelo y deja la formalidad para otro momento. Tus seres queridos se divertirán contigo y disfrutarán viendo tu lado más gamberro.

Y recuerda lo que dijo el gran Sigmund Freud:

«El humor es la manifestación más alta de los mecanismos de adaptación del individuo».

Ha llegado el momento de que lo pongas en práctica.

Paso 15

Ilusiónate y camina hacia tu sueño

Visualiza un túnel oscuro y largo en el que no se oye ni se ve nada.

Quizá llevas demasiado tiempo transitando tu particular túnel en la más absoluta oscuridad. Ya has dado 14 pasos y estoy segura de que eres capaz de intuir lo que hay al otro lado. De hecho, has comenzado a ver algo de luz y sientes que puedes caminar de forma más ligera hacia la salida. No mires atrás, o hazlo para ser consciente de lo que has avanzado.

Casi nunca nos damos la oportunidad de observar lo que hemos logrado y cómo eran los obstáculos que hemos sorteado, de modo que no somos conscientes de las herramientas adquiridas ni de los hábitos saludables que ya forman parte de nuestra vida diaria.

Te recomiendo que te detengas un momento para descubrir y analizar el trabajo que llevas realizado, ya que tú eres el único protagonista y debes valorarte, quererte y premiarte.

La tristeza se encuentra en la parte más oscura del túnel. Respira hondo y mira hacia delante. Tu futuro inmediato está al otro lado. Por eso te pido que lo imagines y lo describas.

Cuando pasamos por momentos complicados, en ciertas ocasiones nos preguntamos qué haremos cuando todo acabe. Hace poco hablaba con una amiga que desde hace más de cinco meses está luchando, junto a su marido, para salir de una dura enfermedad. Se han sentido tristes y muy desanimados, pero actualmente han comenzado una nueva andadura llena de esperanza. Nadie sabe con certeza qué ocurrirá, pero juntos están trabajando para superar esta terrible situación con ilusión. Porque mirar e imaginar el final del tratamiento les da fuerzas para continuar. Ella se ilusiona pensando y soñando con ese otro lado del túnel, y contagia esta ilusión a su marido y a su familia. El día que los dos regresen a casa juntos, mi amiga le dará a su marido una fiesta de bienvenida que nadie olvidará. Imaginar ese momento es para ella una fuente de optimismo y esperanza.

Ahora te pregunto a ti:

¿QUÉ TE ILUSIONA?

¿CON QUÉ SUEÑAS?

¿QUÉ ANHELABAS EN LOS PEORES MOMENTOS?

> ***Tu vida continúa.*** *Quizá te hayas sentido paralizado durante demasiado tiempo y te parecía injusto y doloroso que la vida de los demás siguiera adelante. Ahora ya tienes las fuerzas necesarias para levantarte y mirar hacia el* ***FUTURO****. Solo tienes que averiguar qué dirección deseas tomar.*

HERRAMIENTA 1: DESPÍDETE DE TU TRISTEZA

Despídete y despréndete de todo aquello que se encuentra en la parte oscura del túnel. Es hora de **ESCRIBIR UNA CARTA** en la que harás una lista de todo aquello a lo que dices **ADIÓS:** personas, situaciones, emociones, pensamientos, sensaciones, debilidades, gestos...

Querido/a ....
Me despido de ti, porque he aprendido ....
....
....
....

A partir de ahora comienzo una nueva etapa en la que doy la bienvenida a ....
....

....

Fecha y firma
....
....

A continuación escribe lo que has aprendido de ti mismo, destacando las cualidades más importantes que pueden ayudarte a partir de ahora. Redacta una frase de afirmación sobre tus fortalezas. Puedes comenzarla así:

Yo, ..., soy una mujer/un hombre
..............., ..., ...
que se despide de la tristeza y de ...., ...
para comenzar una nueva etapa en la que trabajará para ....
....
....
....

Te recomiendo que coloques esta frase en un sitio visible. Se trata de que todas las mañanas la mires y se convierta en tu particular motivación.

Isabel pasó varios años complicados tras varias y sucesivas rupturas sentimentales. Todas fueron relaciones tormentosas que le hacían creer que no valía nada y que nunca conseguiría rehacer su vida. Sus parejas y parte de su entorno siempre destacaban su dependencia de los demás y lo difícil que le resultaría conseguir sus objetivos. En la situación opuesta estaba su prima, de la misma edad que Isabel, que tenía un buen trabajo y una pareja maravillosa que la quería y con quien había formado una estupenda familia. Desde que eran pequeñas, las comparaciones entre ambas eran constantes: «Mira a tu prima, qué buenas notas saca», «A ver si aprendes de tu prima; ya ves lo obediente que es», «Tu prima ha conseguido ese trabajo porque se ha preparado muy bien», «Tú nunca conseguirás lo que ha logrado ella»...

Era prácticamente imposible que Isabel viera con buenos ojos a su prima porque le provocaba una rabia infinita. Deseaba romper los límites que los demás le habían puesto, pero, al mismo tiempo, se daba cuenta de que sus creencias y etiquetas estaban muy arraigadas en su interior.

Tras un exhaustivo trabajo de *coaching,* Isabel consiguió superar las barreras que ella misma se había puesto y deshacerse de esa mochila que tanto le pesaba. Sin embargo, a pesar de los avances, la tristeza y la rabia seguían habitando su interior. Era necesario que tomara conciencia de dónde se encontraba en ese preciso momento y decir adiós a lo que le impedía avanzar. Lo importante es que Isabel ya era capaz de ver la luz al final del túnel y de comenzar a ilusionarse.

En su carta, Isabel dijo adiós a las personas que le habían hecho daño, a los miedos, a las inseguridades, a las etiquetas que tanto la limitaban, al dolor y a la tristeza que la habían acompañado desde que era una niña... Reconocía que tenía más fuerza de la que se había imaginado, que era capaz de luchar, de aprender, de superar adversidades, de levantarse después de caerse (resilencia)... Y en su nueva atapa deseaba seguir avanzando en el descubrimiento de sí misma, terminar la carrera que acababa de comenzar, independizarse, encontrar en un futuro cercano una pareja o ser madre soltera. En definitiva, quería ser feliz.

Como frase de afirmación, Isabel escribió:

Yo, ***Isabel***, soy una mujer ***con carácter, fuerte, que consigue lo que se propone*** y se despide de ***la tristeza y la rabia para trabajar día a día en ser feliz.***

¿Qué es lo que harás tú para ser feliz? Posiblemente no sepas aún responder a esta pregunta, pero recuerda la que te hice al comienzo de este capítulo: ¿qué te ilusiona?, ¿con qué sueñas?, ¿qué anhelabas en los peores momentos?

Todos necesitamos ***SOÑAR****. Sin sueños ni ilusiones no sobreviviríamos. Desde pequeños imaginamos el futuro y, a medida que crecemos, vamos concretando y afianzando* *proyectos. Hay quien se imagina viviendo en el extranjero; otros sueñan con formar una familia; otros desean una carrera profesional de éxito; a otros les mueve ayudar a los demás o, sencillamente, encontrar un lugar mágico donde compartir momentos con sus seres queridos.*

Por eso te pido que recuperes tu niño interior, ese que imaginaba que todo era posible y para quien no existían los obstáculos.

Isabel, después de despedirse de la tristeza, de darse cuenta de lo que había aprendido y de encontrar las fortalezas que le habían ayudado a superar obstáculos, comenzó a imaginarse su futuro. Se veía trabajando en la empresa familiar una vez que terminara la carrera; independizada y viviendo sola. Deseaba tener hijos, ya fuera con una pareja o sola. También quería viajar y conocer otros países y culturas, y reconocía que debía mejorar su nivel de inglés y francés. Puso una fecha concreta para sus sueños y objetivos; por ejemplo, sabía que en dos años podría acabar su carrera. Después del verano se puso manos a la obra con los idiomas haciendo intercambio de conversación a través de Skype. Como deseaba coger las riendas de la empresa familiar, por las tardes, tres veces a la semana, iba hasta allí para conocerla cada vez mejor.

Isabel sabía hacia dónde se dirigía y había encontrado la motivación necesaria para ir en busca de sus sueños. Le daba igual lo que pensaran los demás; lo importante era trabajar día a día, y ahora sabía que tenía herramientas suficientes para lograr lo que se propusiera.

HERRAMIENTA 2: DISEÑA TU NUEVA VIDA

Te pido que hagas lo mismo que Isabel. Retoma tus sueños de niño o piensa en lo que te gustaba imaginar cuando atravesabas ese momento difícil que llenó tu vida de tristeza y desánimo. Diseña tu nueva vida e imagina cómo quieres verte en el futuro. Te aconsejo que lo hagas de una manera visual a través de fotos, recortes, dibujos...

Por ejemplo, Isabel dibujó lo siguiente:

Seguramente, con el paso de los días vayas dibujando y describiendo nuevos objetivos. Lo importante es que imagines y visualices hacia dónde te diriges ahora que has dejado atrás las ataduras, los miedos, las inseguridades y la tristeza.

Ha llegado el momento de comenzar a ilusionarte. Mira hacia ti mismo, dentro de ti, y descubre que hay un futuro a la vuelta de la esquina.

Paso 16

Observa tus posibilidades

Cuando en *coaching* hablamos de objetivos o metas, siempre decimos que estos, ya sean personales o profesionales, deben ser **REALES, ALCANZABLES Y MEDIBLES EN EL TIEMPO.**

Deseo que a estas alturas del libro hayas encontrado la ilusión y que sepas hacia dónde quieres dirigirte, pero ahora ha llegado el momento de averiguar si eso es posible. Si te das cuenta de que no lo es, lo más probable es que tengas que modificar algún elemento en tu meta. Cuando lo hayas hecho, ya solo te queda especificar tu objetivo todo lo que puedas.

En el caso de Isabel, de quien hablamos en el capítulo anterior, sabemos que había llegado un momento en el que se sentía fuerte y segura; se imaginaba trabajando, viajando, con una familia, independizada y tranquila. Cuando concretó su meta, dijo que se veía ocupándose de la parte comercial del negocio familiar, ya que estaba estudiando empresariales y *márketing.* Pero sabía que, además, debía realizar un máster y comenzar a hacer prácticas en la empresa para conocer bien todos los departamentos. Cuando comenzara a trabajar de verdad en el negocio familiar, podría independizarse de sus padres. Sabía, también, que disponía de una casa que ellos tenían alquilada en ese momento, pero que podría usar cuando llegara la ocasión. Por tanto, Isabel deseaba centrarse en sus estudios y era consciente de que el objetivo de formar una familia debía pasar a un segundo lugar en sus prioridades. Contaba con el apoyo de su *coach,* que tanto la había ayudado a encontrar fuerza y seguridad, pero se daba cuenta de que muchos de sus planes no los podría realizar a corto plazo. Su objetivo número uno era terminar sus estudios, y a partir de ahí podría seguir trabajando para realizar los demás.

HERRAMIENTA 1: DETERMINA TUS METAS

Te pido ahora que respondas a las siguientes preguntas:

¿CÓMO PUEDES ESPECIFICAR TU META? OFRECE TODOS LOS DETALLES QUE PUEDAS Y CONCÉNTRATE EN ELLOS.

¿CUÁL ES TU NIVEL DE COMPROMISO PARA ALCANZAR TU META? CALIFÍCALO DEL 0 AL 10.

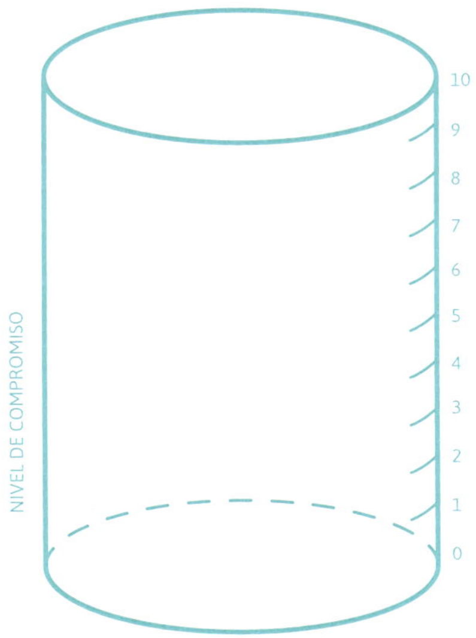

¿QUÉ NECESITAS PARA CUMPLIR TU OBJETIVO?

Ahora ha llegado el momento de ***RECONOCER TUS POSIBILIDADES*** *y de aumentarlas, si es preciso. Para ello te pido que trabajes y potencies aquello que ya tienes (tus fortalezas), que identifiques tus debilidades y las transformes en aprendizajes y que reconozcas qué necesitas para alcanzar tu objetivo.*

HERRAMIENTA 2: RECONOCE TUS POSIBILIDADES

En el mundo de la empresa se utiliza el **«análisis DAFO»** para estudiar las características internas **(debilidades y fortalezas)** y externas **(amenazas y oportunidades)** de un determinado negocio.

Ha llegado el turno de analizarte a ti mismo, para lo cual te pido que contestes a las siguientes preguntas con la mayor sinceridad:

- *¿Qué* ***fortalezas*** *te permitirán alcanzar tu meta? Detecta los puntos fuertes que tienes en todos los ámbitos de tu vida (aspecto emocional, intelectual, profesional...).*

- ☐ *¿Qué **debilidades** pueden impedirte alcanzar tu meta? Detecta aquellos aspectos de ti mismo que te limitan y que debes modificar.*
- ☐ *¿Qué debes **aprender** e incorporar para alcanzar tu meta?*

Isabel, por ejemplo, reconoció lo siguiente en su autoanálisis:

FORTALEZAS: Amor propio, perseverancia, capacidad de sacrificio, habilidades intelectuales, ganas de superación, formación.

DEBILIDADES: Dependencia de la aprobación familiar, miedos, impaciencia.

DEBÍA TRABAJAR: en su autoestima, en su seguridad y en la organización del tiempo, y mejorar la forma de comunicarse con los demás, ya que en muchas ocasiones terminaba llorando porque se sentía impotente a la hora de expresar sueños y sentimientos a su familia.

Isabel sabía que era posible lograr su objetivo; reconocía que podía aportar una nueva visión y una manera diferente de trabajar, aunque respetando la trayectoria y los valores de la empresa. Recordaba que, cuando era pequeña, le gustaba sentarse junto a su padre en su despacho y soñar con que algún día trabajaría allí. No podía evitar sentir cierto vértigo ante la responsabilidad que suponía encargarse de una sección tan importante de la empresa, pero se visualizaba haciéndolo, y esa imagen le daba fuerzas y un gran empuje para seguir luchando y creyendo en sí misma.

Ahora te toca a ti descubrir tus posibilidades y tus debilidades. Sé honesto y reconoce y valora las herramientas que te permitirán alcanzar tus metas. Modifica lo que suponga un obstáculo y céntrate en lo que deseas conseguir.

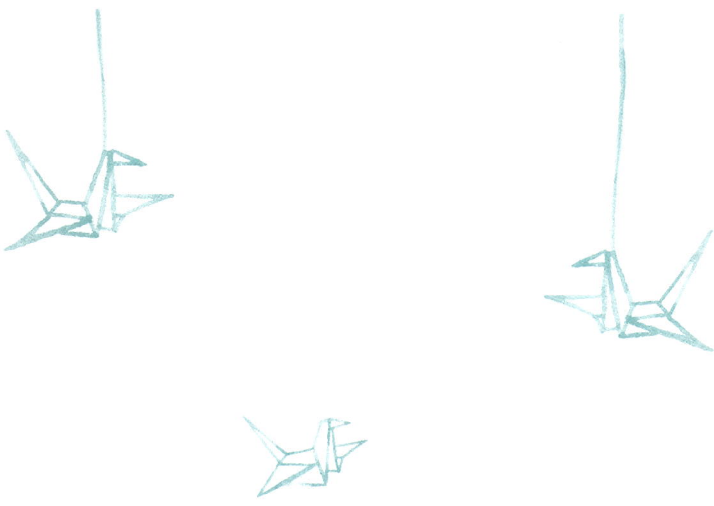

Paso 17

Acepta los momentos de tristeza

Veamos cuál es la definición de **ACEPTAR**: «Recibir voluntariamente algo que se te propone, aprobar, admitir, dar por bueno, mostrarse conforme o tolerante con algo o alguien aunque no te guste».

Antes de comenzar la lectura de este libro, aceptaste que pasabas por un momento de tristeza, apatía y desánimo. Tomar conciencia de lo que nos ocurre es el paso fundamental para empezar a cambiar lo que no nos gusta. Pero, fíjate bien: he dicho «aceptaste» y «pasabas», porque esa tristeza ya forma parte de tu pasado. Y es ahí, en el pasado, donde la debes colocar.

Seguro que recuerdas a Arancha, de quien te hablé al principio de este libro. A lo largo de la mayor parte de nuestras conversaciones, ella recurría a su pasado para hacerme entender cómo se había sentido. Era importante que reconociera los avances y que mirara atrás para darse cuenta de todo lo que había cambiado. Pero había algo que no terminaba de ir bien, y es que Arancha se aferraba a ese pasado para rememorar y revivir algo que ya no existía. Parecía que no terminaba de soltar lastre y eso le impedía seguir avanzando.

Todas esas situaciones, emociones y sentimientos con los que tanto has aprendido forman parte del pasado y constituyen una etapa más de tu vida.

La vida no es un simple valle; en mi opinión se parece más a una cadena montañosa llena de cumbres, laderas, valles, depresiones... Y son precisamente esa riqueza y esa variedad de momentos los que la convierten en algo único e irrepetible.

Dice un proverbio chino que «no puedes evitar que el pájaro de la tristeza vuele sobre tu cabeza. Pero sí que anide en ella». En efecto, la tristeza no se puede negar ni evitar, forma parte de la aventura de vivir. Pero sí depende de ti aprender a afrontarla, sacar partido de ella y adquirir nuevas habilidades.

Es probable que el «pájaro de la tristeza» vuelva a volar sobre tu cabeza, pero ahora sabes qué hacer para que no anide en ti. El dolor por la pérdida de un ser querido será inevitable, o el desánimo cuando sufras una decepción amorosa, o la angustia cuando las cosas no vayan bien en el trabajo... Nada de esto podrás evitarlo, pero, cuando esos momentos difíciles lleguen, sabrás reaccionar: mirarás dentro de ti y comenzarás a dar todos los pasos que se detallan en este libro.

Cuando comencé en el mundo del *coaching*, eran muchos los que me preguntaban si en alguna ocasión me sentía triste y qué hacía cuando esto ocurría. Mi respuesta siempre era que por supuesto que paso por momentos de tristeza, incluso, a veces, más largos de lo que a mi razón le gustaría. Pero, al mismo tiempo, sé que gracias a todas mis emociones puedo sentirme viva y que son precisamente esas emociones y sentimientos los que me permiten conocerme mejor. Yo no deseo vivir en un parque de atracciones; lo que de verdad quiero es vivir la realidad, sentir lo que sucede a mi alrededor, plantearme nuevos retos y objetivos y amar a mis seres queridos y a mí misma.

Como señalé al comienzo del libro, el año 2016 ha estado marcado por la tristeza y la angustia al ver que algunas personas muy cercanas sufrían y peleaban sin descanso para superar una enfermedad. Esta realidad ha hecho que en muchas ocasiones me sintiera vulnerable e insegura. Pero el resultado es que he tomado conciencia de que era necesario sentirme así para reconocer ciertas emociones de las que finalmente he aprendido mucho. Por ejemplo, me he dado cuenta de que vivimos demasiado deprisa, que nos dejamos llevar más de lo que deberíamos y que no somos capaces de detenernos un instante a pensar en nosotros mismos y en lo que nos rodea.

> *Cuando llegue a ti un nuevo momento de tristeza, seguramente te sentirás frágil y vulnerable. Pero recuerda que lo maravilloso del ser humano es su* **POROSIDAD**, *su capacidad de sentir. No tengas miedo cuando esto ocurra, porque, aunque parezca lo contrario, asumir tu vulnerabilidad te hace más fuerte.*

HERRAMIENTA 1: AVERIGUA SI ERES VÍCTIMA O PROTAGONISTA

Lo importante a partir de ahora es la **ACTITUD** que tomes ante la vida. Por tanto, cuando la tristeza regrese, hazte la siguiente pregunta:

- ☐ *¿Qué actitud voy a adoptar, la de víctima o la de protagonista?*

> ***<u>Recuerda</u> que el papel de VÍCTIMA te llevará a culpar a los demás de todo lo que te ocurre, sin apenas dejar espacio para ti ni para asumir tus propias responsabilidades. Por el contrario, el papel de PROTAGONISTA te permitirá coger las riendas de la situación y te darás cuenta de las herramientas de que dispones para cambiar la situación.***

- ☐ *Si tu actitud es de **víctima**, ¿qué conseguirás? ¿Y si es de **protagonista**?*
- ☐ *¿Qué mensajes te envías a ti mismo cuando te enfrentas a la tristeza como víctima? ¿Y si lo haces desde el papel de protagonista?*
- ☐ *En la nueva situación, ¿de qué eres **responsable**? ¿Qué puedes cambiar?*
- ☐ *¿A qué tienes miedo?*
- ☐ *¿Qué mensaje te está enviando la tristeza?*
- ☐ *¿Cómo te sientes ante tu propia vulnerabilidad?*
- ☐ *¿Qué papel desempeña tu **ego**?*

Ten en cuenta que el **EGO** necesita continuamente ofrecer una buena imagen, carece de humildad y, en ocasiones, distorsiona la realidad. Es una máscara que busca siempre el halago y que te obliga a permanecer en tu zona de confort impidiéndote arriesgar y recibir y aceptar las críticas.

*Según Sigmund Freud, todos estamos compuestos por el **ELLO** (nuestros deseos e impulsos), el **SUPERYÓ** (o superego, que está formado por la moral y las reglas de la sociedad) y el **EGO** (que actúa de equilibrio para que el hombre cumpla sus necesidades dentro de los parámetros sociales). Sin embargo, en el lenguaje coloquial, **EGO** significa un exceso de **AUTOESTIMA**. Y posiblemente sea esta la que nos protege de la vulnerabilidad y la que hace que nos enfademos cuando sentimos que la tristeza aparece de nuevo en nuestra vida.*

Sofía, de cuarenta y ocho años, estaba pasando por un profundo bache tras su separación. Después de veinticinco años de relación, veía cómo su realidad se derrumbaba: ella siempre había dependido de su pareja y ahora se encontraba con que debía comenzar a caminar sola. Fueron muchos meses de dolor y llantos, y Sofía tuvo que trabajar su duelo a la vez que su autoestima. Pensaba que nunca lo superaría, que no volvería a sonreír jamás..., pero cuando terminó su proceso de transformación, como si fuera Escarlata O´Hara en *Lo que el viento se llevó,* se juró a sí misma que «nunca volvería a estar triste». Obviamente, se trataba de una promesa imposible de cumplir, aunque Sofía optó en un primer momento por huir de la tristeza y de los momentos difíciles para no sufrir. No se estaba dando cuenta de que de ese modo tan solo conseguía escapar, y esto le impedía crear vínculos permanentes con otras personas. Sofía se estaba autoengañando y no encontraba el equilibrio. Su vida se convirtió en una vorágine de emociones y, de hecho, inició algunas relaciones sentimentales que podrían haber funcionado si ella lo hubiese permitido. En cuanto se daba cuenta de que sentía algo por algún hombre, su reacción inmediata era salir huyendo para no sufrir.

De modo que no pudo impedir que el «pájaro de la tristeza» volviera a su vida. Tuvo que aprender a aceptar de nuevo sus momentos de tristeza, igual que los de enfado, alegría, miedo... Y para ello realizó el siguiente ejercicio:

Tras la negación de la tristeza (no asumirás lo que está ocurriendo), deberás pasar por estas cuatro fases:

1. Curiosidad e interés por el malestar que sufres.
2. Tolerar el dolor que padeces en ese momento.
3. Dejar que los sentimientos vayan y vengan.
4. Reconciliarte con la emoción.

En el caso de Sofía, ocurrió que a su padre le detectaron una enfermedad grave, lo que la obligó a bajar a la realidad y abandonar ese constante festín en el que vivía desde que se separó. Tomó conciencia de lo que le estaba ocurriendo y, como era de esperar, no pudo evitar las lágrimas. Se sentía enfadada, vulnerable y con más miedo que nunca. Esta vez optó por detenerse para pensar en sí misma y en sus sentimientos. Miró hacia atrás, al momento en el que su pareja se fue, y trató de descubrir qué herramientas había encontrado dentro de sí misma para afrontar la situación. Sofía no era una mujer de hierro, por lo que decidió cuidarse de verdad mediante la autoescucha y el autoanálisis.

Aprendió a aceptar y a tolerar el dolor y la tristeza que le producía ver a su padre enfermo. Se dio cuenta de que sería una carrera de fondo y que pasaría por diferentes etapas: en unas se sentiría más fuerte que en otras, pero se dijo que la tristeza no la paralizaría. En definitiva, Sofía aceptó la tristeza y dejó de verla como una enemiga que llegaba para aguarle la fiesta. La aceptó como una parte de sí misma, la consecuencia lógica y natural del amor que sentía por su padre.

Y repito aquí los versos de Gustavo Adolfo Bécquer con los que abrí la introducción de este libro:

«TRISTE COSA ES EL SUEÑO QUE EL LLANTO NOS ARRANCA
MAS TENGO EN MI TRISTEZA UNA ALEGRÍA...
SÉ QUE AÚN ME QUEDAN LÁGRIMAS».

Sí, querido lector, aún nos quedan lágrimas que llorar en los momentos de tristeza que vengan a nuestra vida.

Paso 18

Refuerza lo aprendido y tu positividad

Han pasado muy pocas semanas desde que empezaste a trabajar tu tristeza. Posiblemente no haya sido fácil romper hábitos y actitudes, pero gracias a tu esfuerzo y compromiso has podido superar tu tristeza y ahora te encuentras con nuevas herramientas para seguir avanzando. Has descubierto emociones que no sabías que existían, y ahora te conoces más y mejor.

Has realizado una carrera de fondo en la que has ido alcanzando pequeñas metas:

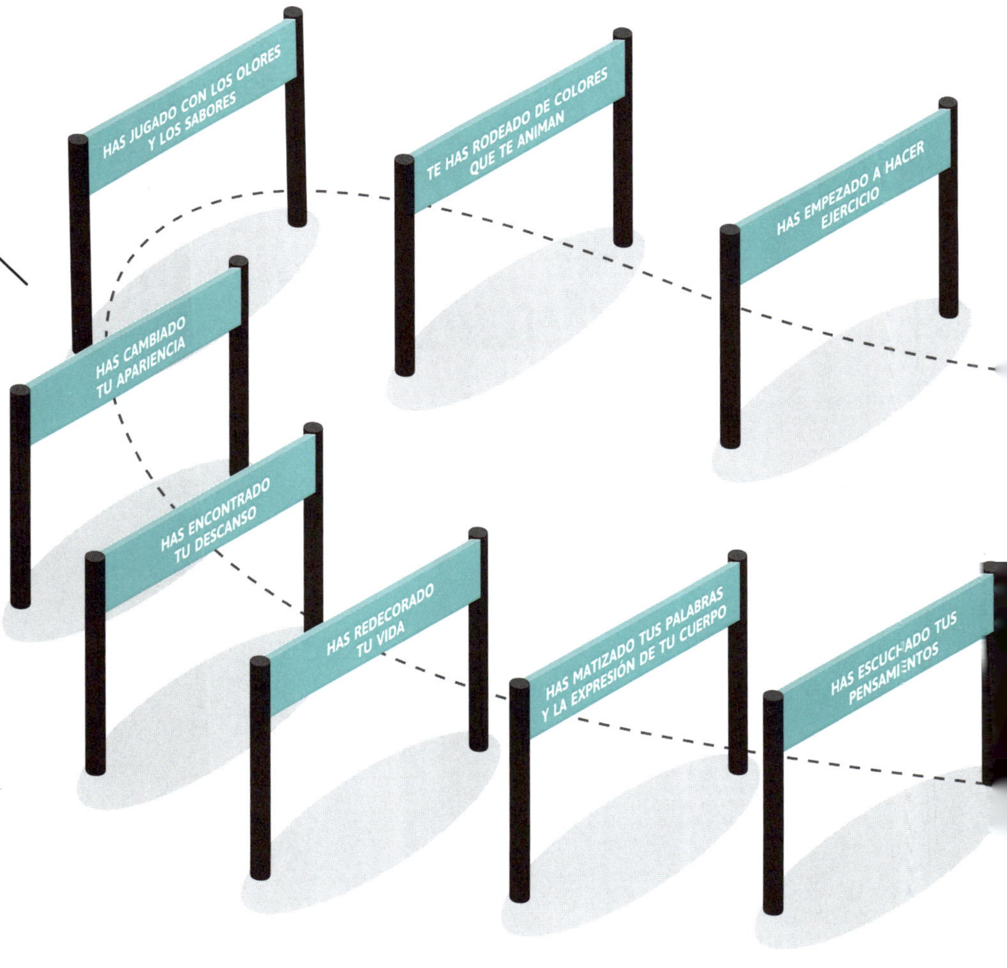

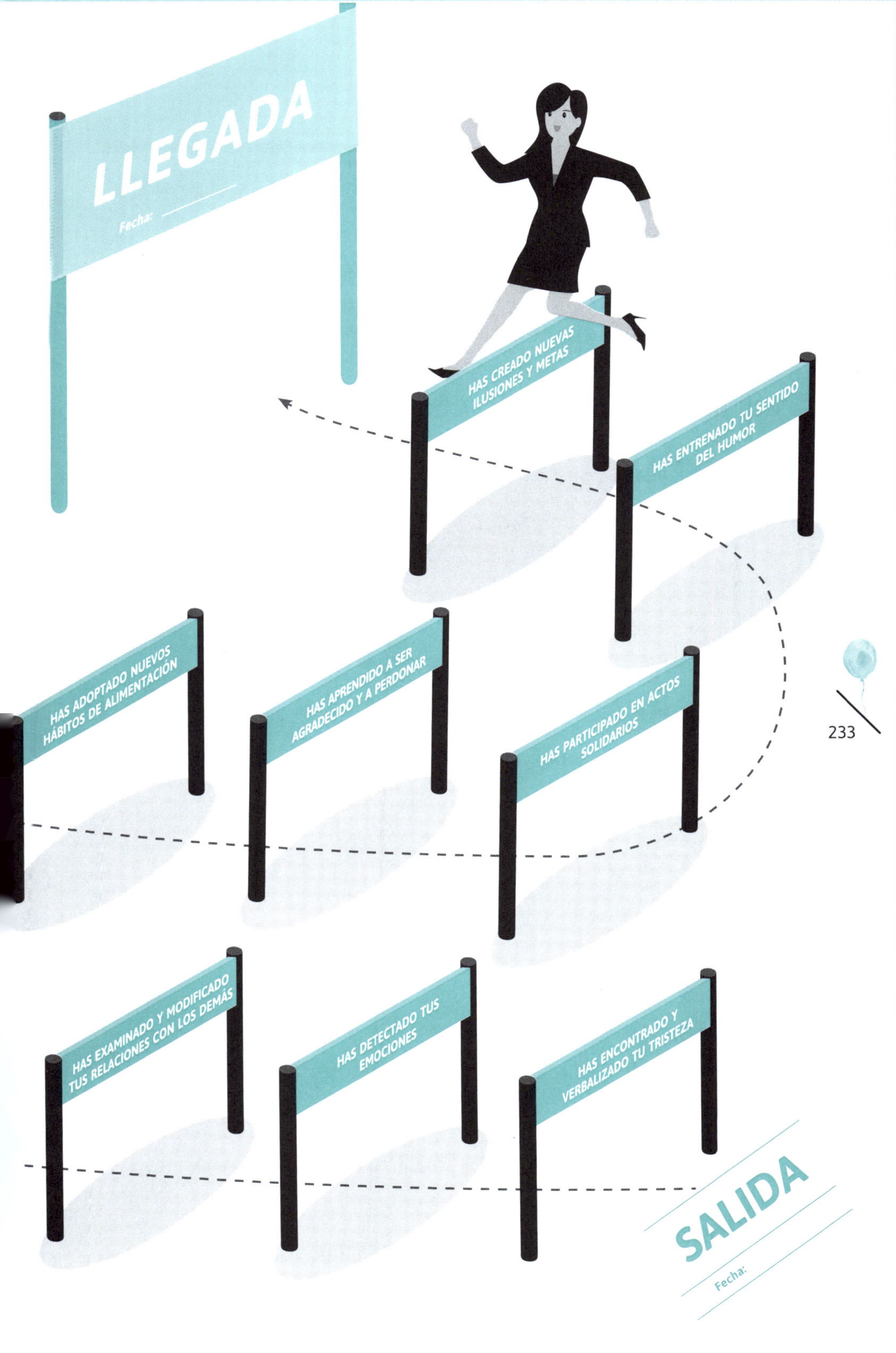
LLEGADA
Fecha:
HAS CREADO NUEVAS ILUSIONES Y METAS
HAS ENTRENADO TU SENTIDO DEL HUMOR
HAS ADOPTADO NUEVOS HÁBITOS DE ALIMENTACIÓN
HAS APRENDIDO A SER AGRADECIDO Y A PERDONAR
HAS PARTICIPADO EN ACTOS SOLIDARIOS
HAS EXAMINADO Y MODIFICADO TUS RELACIONES CON LOS DEMÁS
HAS DETECTADO TUS EMOCIONES
HAS ENCONTRADO Y VERBALIZADO TU TRISTEZA
SALIDA
Fecha:

HERRAMIENTA 1: COMPRUEBA LO QUE HAS APRENDIDO

Llegados a este momento, es importante que seas capaz de reconocer todo lo que has aprendido, ya no solo de tu entorno y de las personas que te rodean, sino de ti mismo:

- ☐ *Imagina que tienes abierta una caja de herramientas.*
- ☐ *Mira hacia atrás, hacia la fecha y el momento de salida en tu camino para dejar atrás la tristeza. Observa a la persona que eras cuando comenzaste el camino.*
- ☐ *Analiza cada paso que has dado, y resalta de cada uno una habilidad y una actitud para incluirlas en tu caja de herramientas.*
- ☐ *Valora cada una de esas nuevas «herramientas» que has adquirido.*
- ☐ *Reconoce a la persona que eres tras dar todos estos pasos.*
- ☐ *¿Qué aptitudes, actitudes y habilidades vas a necesitar a partir de ahora para ir a por tus nuevas metas?*
- ☐ *¿Qué herramientas vas a utilizar cuando vuelvan esos momentos de tristeza?*

Recuerda:

1. Todos debemos vivir nuestros propios momentos de tristeza. Nadie puede hacerlo por nosotros.
2. Eres tú quien ha recorrido este camino; es decir, eres el único y verdadero **PROTAGONISTA** de tu propio éxito.
3. Tienes una gran **FUERZA INTERIOR** que te permi-

te superar los obstáculos que se presentan en tu vida. Lo has demostrado y, a partir de ahora, lo demostrarás cuando lo necesites.

Asimismo ten en cuenta las siguientes pautas de conducta:

*TRABAJA TU **ASERTIVIDAD:** EXPRESA LO QUE SIENTES, MUESTRA TU PROPIO PUNTO DE VISTA SIN ATACAR NI ACUSAR Y RESPETA LAS OPINIONES DE LOS DEMÁS.*
*PRACTICA LA **AMABILIDAD,** PORQUE DE ESE MODO RECIBIRÁS LO QUE QUIERES QUE LOS DEMÁS TE DEN. DA Y RECIBIRÁS.*
*VIVE **AQUÍ Y AHORA:** DISFRUTA DE CADA INSTANTE Y DE LAS PERSONAS QUE TIENES A TU LADO EN ESTE MOMENTO. DISFRUTA DEL PRESENTE.*
*PRACTICA EL **OPTIMISMO** Y FLUYE CON LO QUE HACES.*

En este punto vuelvo a preguntarte: ¿eres una persona optimista? Muchas veces nos definimos como «realistas» para evitar el adjetivo «pesimista» y a la vez justificar nuestros propios sentimientos negativos. Te recomiendo que leas y escuches a los psicólogos Martin Seligman y Mihály Csíkszentmihályi. Al primero se le conoce por su trabajo en el campo de la psicología positiva, donde ha publicado *best-sellers* como *La auténtica felicidad* o *Niños optimistas*. Csíkszentmihályi, autor *de Fluir: Una psicología de la felicidad*, destaca por su trabajo en la antropología, la creatividad y el bienestar subjetivo, aunque se hizo famoso por su invención de la «teoría del flujo», que habla del estado mental operativo en el que se encuentra una persona cuando está inmersa en una actividad. Así, si esa persona se centra en dicha actividad y pone en ella toda su energía, podrá alcanzar el éxito. (Si quieres conocer tu grado de optimismo, te propongo que realices el Test de positividad que aparece al final del libro).

1. *Trabaja en tu autoestima.* Quererse y aceptarse es la mejor medicina para ser feliz:
   - Vive conscientemente.
   - Asume tus responsabilidades.
   - Autoafírmate.
   - Vive con sentido.

2. *Mantén un buen círculo de amistades.* Mejora tus relaciones. Vivir rodeados de personas con las que puedas intercambiar ideas y crear lazos sólidos te ayudará a ser más feliz. Abrazar a otras personas es un gesto fundamental que te permitirá entrar en contacto con los demás sin necesidad de usar palabras. Mirar a los ojos y abrazar a las personas que queremos deberíamos hacerlo todos los días. Además, un buen abrazo ayuda a mejorar el flujo sanguíneo, a generar bienestar y a proporcionar seguridad y confianza. Los abrazos alivian tensiones y son capaces de acariciar el corazón.

3. *Y, por último, no te olvides de sonreír.* Levantarte con una sonrisa te permitirá encarar el día de otra manera. Pero si, además, sonríes a los demás, encontrarás una sonrisa como respuesta.

Me despido con un texto que descubrí hace poco y que precisamente habla del valor de la **SONRISA**:

Una sonrisa no cuesta nada y, en cambio, ¡cuánto da!:

Enriquece a quien la recibe sin empobrecer a quien la otorga.

Una sonrisa es cosa de un momento, y, sin embargo, casi siempre perdura en la memoria.

Nadie hay que sea tan rico ni poderoso que pueda pasearse sin una sonrisa, y nadie es tan pobre que no pueda ser enriquecido asimismo con una sonrisa.

Crea y protege la buena suerte en los negocios y es la enseña más preciada de la amistad.

Brinda descanso al fatigado, entusiasmo al abatido, alegría al triste, y es el mejor antídoto natural contra las dificultades.

Sin embargo, la sonrisa es algo que no puede ser comprado, mendigado, ni tampoco se puede pedir como préstamo, porque es un don que no tiene valor sino hasta el momento en que se prodiga espontáneamente.

Hay seres tan cansados de la vida que ya no pueden otorgar sonrisas. Démosles una de las nuestras, porque no hay nadie que más la necesite que aquellos que ya no tienen sonrisas que ofrecer.

Navegando por tu interior

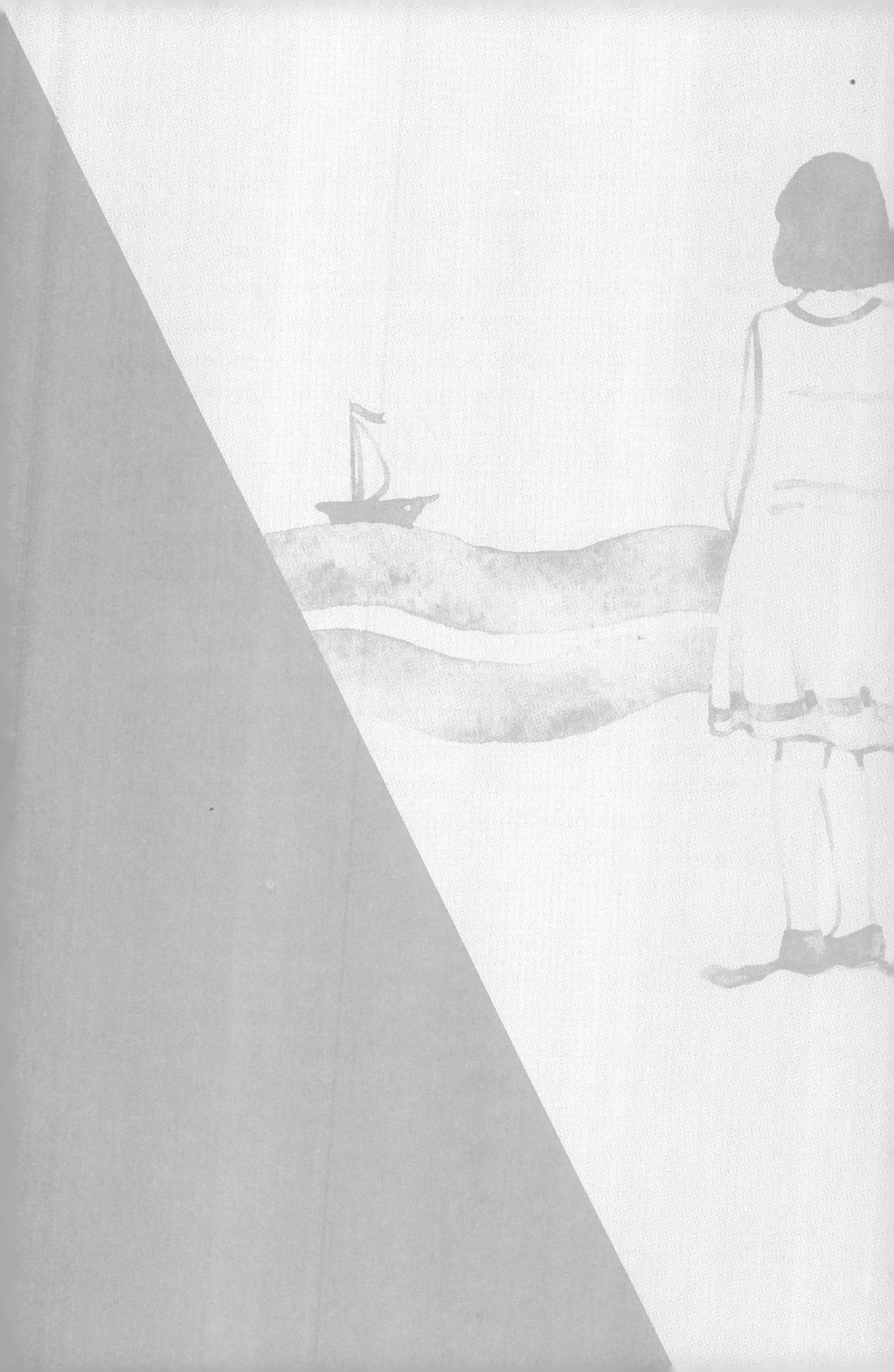

Este es un último apunte, pero no por ello menos importante. Debo confesar que este capítulo lo escribí hace meses y durante este tiempo he buscado el lugar adecuado para situarlo. Me parece que es fundamental que conozcas cómo funciona tu cuerpo, porque eso te dará una información extraordinaria sobre tu propia tristeza. Creo que en este punto es saludable que conozcas un poco más de ti y, en concreto, de tu interior.

El ser humano es muy complejo y hay muchos aspectos que siguen siendo casi desconocidos o que incluso están por descubrir. A mí me gusta analizarlo desde el humor y aceptando las diferencias que existen entre nosotros, en concreto las diferencias evidentes que hay entre hombres y mujeres.

Yo siempre digo que el que nos dirige es nuestro ordenador central, es decir, nuestro cerebro, que está formado por millones de células nerviosas conectadas entre sí. Por un lado podemos decir que el cerebro está divido en dos partes: la emocional y la racional, pero que, al mismo tiempo, está formado por tres cerebros: el reptiliano, el límbico y el neocórtex.

En el cerebro, que es un órgano complejísimo, se encuentran numerosas SUSTANCIAS QUÍMICAS que llevan a cabo diferentes tareas. En diversos estudios sobre el cerebro se concluye que hay personas a las que su «química personal» predispone a padecer estados depresivos. Esta química cerebral influye en nuestras emociones, estados de ánimo o pensamientos, y viceversa. El es-

trés, el dolor, la tristeza, así como diversas enfermedades, pueden producir cambios y variaciones en nuestra química cerebral. Y también los cambios hormonales, las deficiencias nutricionales y ciertos medicamentos.

Por ejemplo, puedes sentirte desanimado y apático por déficit de **TIROSINA,** que es un precursor de la **DOPAMINA** y la **NORADRENALINA,** dos neurotransmisores que mantienen el cerebro activo, concentrado y alerta.

De todos los elementos químicos del cerebro el más importante es la dopamina, pues es el neurotransmisor clave del sistema nervioso central de los mamíferos. Participa en la regulación de funciones como la conducta, la función motora, el estado de ánimo o la afectividad. En cada región cerebral, la dopamina cumple una determinada función; las más importantes son los movimientos motores, la regulación de la secreción de la prolactina, la activación del sistema del placer, la regulación del sueño y del humor, y la activación de los procesos cognitivos.

Asimismo, cuando nos sentimos tristes consumimos más glucosa y oxígeno, lo que nos produce un estado de agotamiento. Además, en nuestra lengua disminuye el número de receptores que perciben el sabor dulce, lo que nos hace comer sin ganas.

Tampoco podemos olvidar que en un estado de tristeza se produce una disminución de la **SEROTONINA,** que es una sustancia química que transmite señales entre los nervios. Para algunos investigadores, la serotonina es la responsable de mantener el equilibrio en nuestro estado de ánimo, y, además, contribuye al bienestar y a la felicidad.

Así pues, obsérvate por dentro. Ya has trabajado tu alimentación y tu descanso, pero, si lo consideras oportuno, acude a un especialista para que te ayude a compensar tus hormonas y a tratar tu interior.

Test de positividad

En el último de los pasos, el dedicado a **reforzar tu positividad,** te hablé de lo importante que es el optimismo para superar los obstáculos. Si no conoces tu grado de optimismo, te propongo que hagas el siguiente test. Te aviso de que no hay respuestas correctas o incorrectas. Se trata, sencillamente, de ayudarte a conocerte mejor. Tras leer las preguntas, te aconsejo que te imagines en esa situación y lo que harías (no lo que piensas que es mejor). ¿Estás preparado?

1. ***Te reconcilias con tu pareja después de pelearos, gracias a que...***

   A. La (le) perdonaste. [0 puntos]

   B. Casi siempre tu pareja te perdona. [1 punto]

2. ***Olvidas que era el día del cumpleaños de tu pareja, porque...***

   A. No se te da bien recordar los cumpleaños. [1 punto]

   B. Había otras cosas que te preocupaban. [0 puntos]

3. ***Acudes a una cena como invitado o invitada. Al final de la cena piensas...***

   A. Estuviste particularmente simpático/a esa noche. [0 puntos]

   B. Eres un invitado con el que siempre se está a gusto. [1 punto]

4. ***Te han puesto una multa en la biblioteca porque no devolviste un libro a su debido tiempo. Esto te sucedió porque...***

A. Cuando te interesa mucho la lectura, te olvidas hasta del día en el que vives. [1 punto]

B. Estabas tan ocupado/a escribiendo el informe que olvidaste devolver el libro. [0 puntos]

5. ***Las acciones que tienes te hicieron ganar mucho dinero gracias a que...***

A. Tu corredor de Bolsa decidió comprar acciones nuevas. [0 puntos]

B. Tu corredor de Bolsa es un inversor fantástico. [1 punto]

6. ***Ganaste un certamen atlético porque...***

A. Te sentías invencible. [0 puntos]

B. Te entrenaste muchísimo. [1 punto]

7. ***Pierdes los estribos discutiendo con un amigo y piensas...***

A. Tu amigo siempre te está sermoneando. [1 punto]

B. Tu amigo estaba de mal humor. [0 puntos]

8. ***Te multan por no entregar la declaración de la renta a tiempo, y piensas...***

A. Siempre la has entregado en el plazo. [1 punto]

B. Te daba pereza hacer la declaración. [0 puntos]

9. *Te invitan a bailar en una fiesta, una pieza tras otra, porque...*

A. Vas mucho a fiestas. [1 punto]

B. Esa noche estabas radiante. [0 puntos]

10. *Te fue excepcionalmente bien en una entrevista de trabajo, porque...*

A. Te sentías muy seguro/a durante la entrevista. [0 puntos]

B. Estuviste hábil en las respuestas. [1 punto]

11. *Últimamente te has sentido agotado/a y crees que la causa es...*

A. Nunca tienes ocasión de relajarte. [1 punto]

B. Esta semana has tenido más trabajo que de costumbre. [0 puntos]

12. *Un amigo te dice algo que hiere tus sentimientos y piensas...*

A. Él siempre dice lo que piensa sin pensar en los demás. [1 punto]

B. Mi amigo estaba de mal humor y lo pagó conmigo. [0 puntos]

13. *Tu pareja te lleva a pasar un fin de semana romántico porque...*

A. Él (ella) necesitaba salir unos días. [0 puntos]

B. Te gusta viajar. [1 punto]

14. *Te piden que dirijas un proyecto importante gracias a que...*

A. Acabas de realizar con éxito un proyecto similar. [0 puntos]

B. Eres buen/a director/a de equipos. [1 punto]

15. *Te caes muchas veces esquiando y piensas que es debido a que...*

A. Esquiar es difícil. [1 punto]

B. La nieve estaba muy resbaladiza. [0 puntos]

16. *Aumentas de peso durante las vacaciones y ahora te está costando perder esos kilos de más porque...*

A. A la larga, las dietas no sirven. [1 punto]

B. La dieta que probé no me dio buenos resultados. [0 punto]

De las respuestas a estas preguntas obtendremos dos resultados: **el primero** de ellos medirá tu grado de optimismo/pesimismo ante los malos momentos. Es decir, si cuando ocurre algo negativo a tu alrededor piensas que dura para siempre o si solo es algo pasajero. Para averiguar el primer resultado, debes sumar los puntos obtenidos en las preguntas: 2, 4, 7, 8, 11, 12, 15, 16.

Si la suma da 0 o 1 punto: eres una persona muy optimista respecto a esta dimensión.

Si la suma da 2 o 3 puntos: eres moderadamente optimista.
Si la suma da 4 puntos: estás en lo que se considera «normal».
Si la suma da entre 5-8 puntos: eres una persona muy pesimista.

El **segundo** resultado te indicará tu nivel de optimismo o pesimismo en situaciones positivas. Para ello debes sumar los puntos obtenidos en las preguntas: 1, 3, 5, 6, 9, 10, 13, 14.

Si la suma da 7 u 8: eres una apersona muy optimista.
Si la suma da 6 puntos: eres una persona moderadamente optimista.
Si la suma da 4 o 5 puntos: estás en lo que se considera «normal».
Si la suma da 3-0 puntos: eres una persona muy pesimista.

Si los resultados indican que eres una persona optimista, ¡enhorabuena! De lo contra-

rio, piensa que puedes cambiarlo. ¿Cómo? Todo pasa por la actitud con la que veas lo que ocurre a tu alrededor y a ti mismo. Observa tus pensamientos y trabaja tu papel de **PROTAGONISTA** *frente al de* **VÍCTIMA.**

Agradecimientos

Aquellos que habéis leído alguno de mis libros anteriores sabéis que me gusta terminar dando las gracias, porque creo que, cuando se da, se recibe, y porque, cuando se recibe, hay que reconocerlo.

Han sido varios meses de trabajo durante los cuales han ocurrido muchas cosas a mi alrededor. Lo termino recién estrenado el año y recién cumplidos los cuarenta y dos. Así que mi primer agradecimiento va, sin duda, a la oportunidad de vivir... Y los únicos responsables de esto son mis padres.

Estoy convencida de que durante 2017 ocurrirán cosas maravillosas, aunque, cuando comencé a escribir este libro, estaba sumida en una etapa de apatía y tristeza (ya lo dije en las primeras páginas). Creo firmemente que esta tristeza, además de deberse a unos acontecimientos dolorosos, ha sido necesaria para pararme a pensar. He pasado más de seis años en una noria imparable de actividad y no he podido ni disfrutar de verdad de los éxitos ni aprender lo necesario de las equivocaciones. Mi afán por seguir aprendiendo y desarrollando nuevas habilidades me ha impedido en muchos casos planificar mi vida como debería. Pero, al mismo tiempo, sé que esto me ha permitido aprender a darle a lo que estaba ocurriendo la importancia que realmente tiene y a valorar lo que verdaderamente es importante para mí, Cristina Soria, esa mujer que hace tres décadas era una niña que tenía ilusiones y sueños por cumplir, y que ahora es una adulta que reconoce que sus expectativas se han cumplido.

He transitado por distintos momentos de tristeza y de incertidumbre, pero también de alegría, durante el pasado año. Atrás quedan las despedidas de compañeros y amigos como Belén Aguilar, Ángel Izaguerri y Rafita Morante. Tres historias distintas y tres vínculos diferentes que me recordaron lo vulnerables que somos y la enorme capacidad de lucha que todos poseemos. Precisamente en esta capacidad de lucha, que sigue siendo mi motor diario, se encuentra Jorge Banzo, un hombre cuyos genes sorianos y aragoneses hacen que sea lo suficientemente constante como para no rendirse nunca. Lo más difícil lo ha conseguido, y ahí estamos todos dándole la fuerza necesaria para continuar luchando. Sé que lo conseguirá.

Este libro no sería posible sin la confianza que ha depositado en mí la editorial Espasa. Gracias a Ana Rosa, Lola y Javier, así como a todo el equipo que hace posible que el libro se publique y se promocione.

Gracias a Neftalí Haro, mi entrenador personal, que generosamente ha colaborado en la concepción del libro. Lleva a mi lado más de cinco años y nunca ha dejado de confiar en mí, de motivarme y de exprimir al máximo mis posibilidades. Es el responsable de los ejercicios físicos que te propongo en el Paso 9. Es un gran profesional y una gran persona.

No puedo olvidarme de las personas que se acercan a mí para pedirme ayuda. Todos y todas son unos valientes que reconocen sus debilidades y trabajan en sus fortalezas para conseguir sus objetivos. Gracias por vuestra confianza.

Gracias a Estela Millán, cabeza de Reiki Para Todos, junto con Camino, que han pensado en mí para ayudarles en su proyecto. Ellas me han permitido conocer a personas a las que he aprendido a no juzgar, a las que he escuchado desde la empatía y gracias a las cuales he adquirido un gran aprendizaje. Este año espero poder seguir colaborando con vosotras.

Gracias a cada una de las personas que han pensado en mí para poder transmitir lo mucho o lo poco que sé. Con cada formación no solo doy, sino que también recibo. Este año he participado en numerosos eventos y formaciones. Sin la confianza de todos ellos no habría sido posible.

Gracias a los directores y a la famosa «cúpula» de *Sálvame,* por seguir confiando en mí y ayudarme a continuar aprendiendo semana tras semana.

Gracias a la directora de *Espejo Público,* Belén, por apostar por mi presencia en el programa. Tener la oportunidad de seguir aprendiendo no tiene precio.

Gracias a Arancha Esteban, responsable de mi página web, porque sin su trabajo nada sería igual. Muchas horas invertidas, confiando en mi proyecto y dándole la forma necesaria para hacerlo realidad. El trabajo ha pasado a estar en segundo plano, quedando por delante la amistad.

Gracias a mis amigos, con quienes he mantenido largas horas de conversaciones, que han sabido escucharme y hacerme ver la realidad desde distintas perspectivas. Con ellos he llorado y con ellos he reído. Gracias por permanecer siempre a mi lado.

Durante mis cuatro años de estudios universitarios conviví con un grupo maravilloso de jóvenes locas, todas con sus propios sueños, ilusiones y diferencias, a las que nos sigue uniendo la amistad. Pero, sobre todo, lo que nos une es la amistad. Hemos compartido muchas horas de charla, risas, también lágrimas, pero siempre con espíritu positivo. A día de hoy, aunque haya mucha distancia física entre nosotras, siempre nos sentimos cerca. Tutor 36 forja carácter y un vínculo muy especial.

Gracias a Manoli, nuestro ángel de la guarda. Nos cuida, anima y ayuda. Tenerla siempre a nuestro lado no tiene precio.

Gracias a mi familia. Por aguantarme en mis peores momentos, por seguir sosteniéndome, por querer entenderme, por ayudarme cuando estaba perdida, por escucharme. Y, sobre todo, por quererme.

Gracias a las tres personas con las que comparto mi vida: mi marido, Alberto, y mis hijos, Gonzalo y Jimena. Ellos son los que sufren en primera persona mis decepciones, mis miedos, mis inseguridades y mis penas, y los que disfrutan de mis alegrías. Son capaces de hacerme reír a carcajadas después de secarme las lágrimas. Nunca pensé que viviríamos tantas aventuras. Me siento orgullosa y soy consciente de que nada de esto sería posible sin ellos.

Y por último, pero no menos importante, gracias a ti, lector, que has elegido este libro para ayudarte a decir adiós a tu tristeza.